Les 7 étapes
du lâcher-prise

P87- René
88
89

Catalogage avant publication de Bibliothèque et Archives nationales du Québec et Bibliothèque et Archives Canada

Portelance, Colette, 1943-

    Les sept étapes du lâcher-prise

    (Collection Psychologie)

    ISBN 978-2-923705-01-9

    1. Lâcher prise. 2. Actualisation de soi. 3. Tranquillité d'esprit. I. Titre. II. Collection: Collection Psychologie (Éditions du CRAM).

BF637.S4P665 2009   158.1   C2009-940167-3

Les Éditions du Cram Inc.

1030, rue Cherrier, bureau 205
Montréal, Québec, Canada, H2L 1H9
Téléphone : 514 598-8547
Télécopie : 514 598-8788

www.editionscram.com

Tous droits réservés

Dépôt légal - 1er trimestre 2009
Bibliothèque nationale du Québec
Bibliothèque nationale du Canada

ISBN 978-2-923705-01-9

Imprimé au Canada

Colette Portelance

Les 7 étapes du lâcher-prise

Conception graphique et couverture
Alain Cournoyer

Photo de l'auteur
Laforest et Sabourin

Révision et correction
Roseline Desforges

Gouvernement du Québec - Programme de crédit d'impôt pour l'édition de livres - Gestion SODEC.

Les Éditions du CRAM sont inscrites au programme de subvention globale du Conseil des arts du Canada.

Les Éditions du CRAM bénéficient du soutien financier du gouvernement du Canada, par l'entremise du ministère du Patrimoine canadien, dans le cadre de son programme d'aide au développement de l'industrie de l'édition (PADIÉ).

Société de développement des entreprises culturelles
Québec

Conseil des Arts du Canada **Canada Council for the Arts**

Patrimoine canadien **Canadian Heritage**

Distribution et diffusion

Pour le Québec :
Diffusion Prologue
1650 Lionel-Bertrand
Boisbriand (Québec)
J7H1N7
Téléphone : 450 434-0306
Télécopieur : 450 434-2627

Pour la France :
D.G. Diffusion
Rue Max Planck B.P. 734
F-31683 Labege
Téléphone : 05.61.00.09.99
Télécopieur : 05.61.00.23.12

Pour la Suisse :
Diffusion Transat SA
Route des Jeunes, 4ter
Case postale 125
CH-1211 Genève 26
Téléphone : 022/342.77.40
Télécopieur : 022/343.46.46

Pour la Belgique :
Société de distribution du livre
CARAVELLE S.A.
Avenue de Tervueren, 214
1150 Bruxelles

À tous ceux qui s'activent

pour être aimés,

pour être reconnus

et pour ne pas sentir leurs blessures

Le stress, la fatigue, l'angoisse… Ma vie est un terrain miné ! Je dois lâcher prise. Oui… mais comment ???

Introduction

Lâcher prise : un mot qu'on entend presque tous les jours ces temps-ci ; un mot passe-partout qui semble avoir l'effet magique de transformer l'impuissance en ouverture sur tous les possibles ; un mot qu'on prononce comme une promesse de libération et de soulagement de tous les maux.

« Lâche prise », me dit mon collègue qui me voit stressée.

« Lâche prise », me répète l'ami qui me sait angoissée.

« Lâche prise », me conseille l'inconnu qui me sent apeurée.

« Lâche prise », me rabâche la petite voix intérieure quand je suis irritée ou que je me sens nulle.

Lâcher prise. Quel mot abstrait ! Aussi abstrait que les expressions *vie intérieure* et *guérison de l'âme.*

« Je veux bien lâcher prise, mais c'est plus facile à dire qu'à faire. »

Cette réflexion que j'ai entendue à plusieurs reprises m'a un jour interpellée, parce qu'elle rejoignait ma propre expérience. À mon impuissance à résoudre les difficultés qui me faisaient souffrir à ce moment-là s'en ajoutait une autre : celle d'ignorer comment lâcher prise. Je voulais bien m'adonner à cette pratique reconnue pour son efficacité, mais je n'y arrivais pas. Certains jours, j'aurais voulu qu'on me fournisse une marche à suivre pour m'y conduire pas à pas tellement j'avais besoin d'aide.

Cette marche à suivre, c'est l'expérience qui me l'a fait découvrir, l'expérience de mon impuissance chronique à soulager certaines de mes souffrances physiques et psychiques. Les bienfaits que m'apporte aujourd'hui cette expérience ont déposé en moi le désir de la partager avec vous dans ce livre qui a pour titre : *Les sept étapes du lâcher-prise*. Bien que ce guide s'appuie sur des notions qui ont été développées dans mes deux précédents ouvrages sur le thème de la guérison intérieure, il est toutefois bien différent des deux autres et se veut complémentaire par son côté essentiellement pragmatique, par son approche unique du lâcher-prise et par les nombreux éléments nouveaux qu'il contient.

Cet ouvrage n'est pas un livre de recettes miracles. Il décrit plutôt un processus en sept étapes qui vous conduira vers l'intérieur de vous-même en partant de l'extérieur, où vous vous cantonnez trop souvent quand vous souffrez. En effet, dans les moments difficiles de la vie, nous avons tous tendance à nous accrocher au monde du dehors auquel nous donnons le pouvoir ultime de nous rendre heureux parce que nous croyons qu'il est le seul lieu de résolution de tous nos problèmes. Même si nous pensons ne pas cultiver en nous cette croyance, il n'en reste pas moins que, dans la réalité, nous agissons comme si notre félicité dépendait davantage des attraits du dehors que des forces du dedans. La preuve en est que pour combler nos manques affectifs, pour masquer la tristesse de fond qui nous habite ou pour satisfaire nos besoins d'amour et de reconnaissance, nous versons constamment dans l'activisme. Nous avons le réflexe de FAIRE TOUJOURS PLUS pour :

• AVOIR PLUS

• SAVOIR PLUS ou

• PARAÎTRE MIEUX.

Nous en arrivons au point de nous identifier à des éléments extérieurs, auxquels nous octroyons le pouvoir de nous procurer le sentiment d'être importants.

Certains trouvent leur valeur dans les biens matériels ; d'autres, dans leurs connaissances ; d'autres encore, dans un statut social, une idéologie, un diplôme, voire une maladie. Il n'y a rien de mal en soi à être prospère, à apprendre, à détenir des diplômes, à se forger des opinions, à entretenir des croyances, encore moins à tomber malade. Le problème se pose lorsque nous accordons à ces éléments extérieurs le pouvoir de nous rendre heureux, de satisfaire nos besoins d'amour, de nous donner de la valeur et de soulager nos souffrances.

L'expérience de la vie nous apprend que le monde du dehors s'avère bien incapable à lui seul, de satisfaire nos besoins insatiables d'amour et de valorisation et de résoudre toutes nos difficultés personnelles, relation-nelles et professionnelles. Toutefois, chercher des moyens pour être heureux et, surtout, pour adoucir nos souffrances physiques et psychiques est tout à fait légitime et normal. Cependant, ces moyens que nous prenons pour atteindre l'état de bien-être recherché nous mènent trop souvent à l'insatisfaction et à l'impuissance.

En réalité, le véritable problème ne réside pas surtout dans la souffrance, mais se situe sur les chemins que nous prenons pour la soulager ; le véritable problème trouve son origine dans le déséquilibre entre l'importance que nous accordons à la vie extérieure par rapport à celle que nous concédons à la vie intérieure. C'est le manque de contact avec la vie profonde qui nous maintient dans la douleur. L'expérience de la maladie m'a appris une chose fondamentale qui sert de fondement à cet ouvrage : c'est à l'intérieur de nous-mêmes que se trouve la guérison. C'est là, au cœur même de notre être, que nos ténèbres peuvent se transformer en lumière et que nous connaîtrons une paix, une sérénité et un amour durables. Toutefois, pour accéder à cette paix qui guérit intérieurement, un moyen s'offre à nous : le lâcher-prise.

Comme le mot « lâcher-prise » fait référence à une réalité abstraite qui n'est même pas définie dans la plupart des dictionnaires, du moins au sens où nous l'entendons ici, mon objectif à travers ces pages est, en sus de le définir, de rendre accessible à tous cette réalité de telle façon que chacun puisse l'intégrer à sa vie quotidienne. Néanmoins, nous ne lâchons pas prise aussi facilement que nous le voudrions. L'accès à ce moyen de libération est davantage une question d'ouverture au changement et de consentement à percer les mystères du monde intérieur qu'une question de magie ou de volonté. Pour arriver à lâcher prise, il faut d'abord cesser de conférer à ce mot le pouvoir magique de résoudre tous nos problèmes. Ce n'est pas un mot de passe. Il ne suffit pas de dire « lâche prise » pour que tout se mette en place et que nos souffrances soient instantanément soulagées.

En fait, le lâcher-prise s'inscrit dans un processus qui comprend plusieurs étapes, toutes aussi importantes les unes que les autres. Pour celui qui l'a intégré à sa vie, le parcours de ces étapes s'accomplit naturellement sans qu'il ait besoin d'y penser. Toutefois, l'intégration suit généralement une période d'apprentissage et d'expériences pratiques. Pour croire aux bienfaits de ce processus, il est donc important de l'expérimenter.

J'ai longtemps cru que la foi était une grâce que Dieu n'accordait pas à tout le monde. Cette croyance était plutôt une introjection qui ne correspondait pas à l'idée que nous pourrions nous faire d'un dieu supposément aimant et juste. Aujourd'hui, libérée de cette introjection, je crois plutôt que, la plupart du temps, nous créons nous-mêmes cette grâce par l'expérience. C'est en l'expérimentant et en constatant ses effets dans nos vies que nous finirons par croire aux bienfaits du lâcher-prise. La foi qui naît de l'expérience vécue est solide, parce qu'elle est enracinée dans nos cellules. Je vous encourage donc à intégrer les sept étapes du lâcher-prise à vos vies par la pratique, pour que celles-ci deviennent pour vous une manière d'être et que s'ouvre grand devant vous le chemin qui mène directement à la paix intérieure lorsque vous rencontrez des épreuves qui vous rendent malheureux.

Pour que ce processus devienne facile à suivre, il importe donc que vous acceptiez de vous donner un temps d'apprentissage et d'intégration. Petit à petit, il vous deviendra familier et indispensable dans votre quête de paix et de sérénité, spécialement lorsque vous traversez une période de ténèbres. Pour faciliter cet apprentissage, j'ai concentré les sept étapes en trois parties :

- la préparation au lâcher-prise ;

- le lâcher-prise ;

- l'accomplissement.

En lisant ce livre, vous serez guidés pas à pas, d'une étape vers la suivante. Le contenu de cet ouvrage a été écrit dans le but de vous permettre, à partir d'une situation difficile vécue en ce moment, de mettre en pratique chacune des étapes et de les appliquer immédiatement à cette situation.

Il s'agit bien d'un guide pratique, un guide que vous pourrez parcourir sans effort, parce que le lâcher-prise possède la merveilleuse caractéristique de s'atteindre dans une absence totale d'effort. De toute façon, si vous avez choisi de lire cet ouvrage, c'est probablement parce qu'il répond, en ce moment, à un besoin. Le seul fait d'avoir agi dans le sens de ce besoin suffit pour que vous retiriez de ces pages les plus grands avantages.

Bon parcours !

Première partie

La préparation au lâcher-prise

La pratique du lâcher-prise est une expérience d'intériorisation. Comme nous sommes habitués à fonctionner dans un monde matériel, nous manquons de repères lorsqu'il s'agit de vie intérieure. Notre imaginaire peut difficilement se la représenter par des images concrètes, parce que la vie du dedans est remplie de mystères. Par elle, nous pénétrons dans le domaine de l'abstrait, de l'irrationnel, de l'immatériel, de l'incorporel et du spirituel. C'est pourquoi ce n'est pas évident pour nous de passer directement du monde physique à celui de l'âme. Pour franchir ce passage, nous avons besoin d'un pont. Autrement dit, pour aller de la rive du monde concret à celle du lâcher-prise et du monde abstrait, nous devons traverser ce pont. Cette traversée est nécessaire pour connaître les avantages de l'expérience d'intériorisation et en bénéficier.

Grâce à la merveilleuse aventure que vous entreprenez en commençant la lecture de ce guide, vous découvrirez en vous des forces insoupçonnées et des ressources inépuisables sur lesquelles vous pourrez toujours compter, même et surtout dans la tourmente, même si vous ne savez pas tout, même si vous ne possédez aucun statut social reconnu, même si vous avez été abandonné, trahi ou humilié. De plus, vous réaliserez qu'intérieurement, nous, êtres humains, sommes tous égaux. Tous, sans exception, nous sommes issus de la même énergie et nous avons tous accès à la paix, à l'amour, à la joie et à la guérison. Il suffit de traverser le pont.

Cette traversée que nous nous apprêtons à accomplir ensemble dans la première partie de ce guide s'effectuera en trois étapes :

• la conscience du point de départ et du but ;

• l'acceptation ;

• la présence au corps.

L'objectif que je poursuis et qui sera présent en filigrane tout le long de cet ouvrage se résume en un seul mot : le mot PAIX. Si ce livre vous apporte la paix intérieure, j'aurai atteint mon but.

Bonne traversée !

La conscience du point de départ et du but

Pour que la lecture de ce guide pratique s'effectue de manière dynamique, je vous propose de suivre le déroulement des étapes en les appliquant à une situation relationnelle difficile que vous vivez en ce moment. Vous pourrez ainsi avancer à votre rythme et bénéficier immédiatement du contenu de cet ouvrage. Ce faisant, vous appréhenderez chacune des étapes par une approche globale plutôt que de l'aborder uniquement de façon intellectuelle. Les dimensions rationnelle, corporelle, émotionnelle et spirituelle de votre être étant toutes sollicitées par une mise en pratique immédiate, l'intégration du lâcher-prise à votre vie en sera grandement facilitée.

Vous êtes maintenant prêts à entreprendre le voyage ? Allons-y.

Quand vous voyagez dans la vie, vous devez savoir non seulement où vous allez, mais d'où vous partez. Si, par exemple, vous voulez acheter un billet d'avion ou déterminer le trajet vers une destination quelconque sans décider d'abord du point d'arrivée et du point de départ, vous ne pourrez jamais passer à l'action. Il en est ainsi du parcours dans lequel vous vous engagez aujourd'hui. Connaître le but général du voyage intérieur qui consiste à transformer vos ténèbres en lumière et à trouver la paix par le lâcher-prise, ne suffit pas. Sans perdre de vue l'objectif, vous devez aussi prendre conscience des éléments impliqués au départ de votre voyage intérieur. C'est précisément la prise de conscience de ces éléments qui fera l'objet de cette première partie. Ils sont au nombre de trois :

- la situation ;

- les réactions ;

- le vécu.

La prise de conscience de la situation

En fait, ce qui importe d'abord ici est d'identifier la personne avec laquelle vous vivez un problème relationnel en ce moment. Par la suite, il est important que vous cerniez la difficulté qui rend votre relation souffrante avec cette personne, ou du moins insatisfaisante. Par exemple, il peut s'agir de votre conjoint, de votre fils ou de votre fille. Il se peut aussi que ce soit votre père ou votre mère, votre sœur ou votre frère ; peut-être est-ce un ami, un collègue, un patron ou même un coéquipier. Quoi qu'il en soit, arrêtez-vous à une personne précise. Si vous rencontrez des problèmes relationnels avec plus d'une personne, ce qui est parfois

Rene

le cas, choisissez celle qui vous perturbe le plus. Il est fort possible que votre travail par rapport à elle présente un impact positif sur votre relation avec les autres.

Une fois que vous aurez arrêté votre choix, prenez le temps de bien circonscrire la difficulté que vous éprouvez dans cette relation.

- S'agit-il d'un problème de communication, d'un ennui d'ordre sexuel, d'un besoin non satisfait, comme le besoin d'être aimé, valorisé ou le besoin de liberté ?

- Est-ce une relation fondée sur le reproche, le contrôle, la tentative de changer l'autre ?

- Peut-être cette relation repose-t-elle sur un manque d'écoute, un manque de respect ou un manque de gratitude de part et d'autre.

- Il est possible également que l'infidélité et le mensonge contaminent votre lien avec cette personne.

- Il se peut que l'indifférence, la difficulté à exprimer vos émotions ou encore la dépendance affective soient à l'origine de vos malentendus.

- Votre problème peut également résulter de comportements de victimes qui vous empêchent tous les deux de voir et de reconnaître votre part de responsabilité respective dans cette difficulté relationnelle.

- Peut-être encore êtes-vous prisonniers d'un des systèmes relationnels suivants :

27

- juge/coupable ;
✗ • bourreau/victime ;
✗ • abandonnique/déserteur ;
- supérieur/ inférieur ;
- dominateur/dominé ;
- manipulateur/manipulé ;
- sauveur/protégé.

Le but de cet exercice n'est pas de responsabiliser votre déclencheur, ce qui aurait pour effet de vous faire prendre le chemin opposé à celui qui conduit au lâcher-prise. Le but est de vous encourager à bien cerner la difficulté pour vous éviter de plonger dans la confusion. En effet, si vous n'êtes pas clair au départ, vous risquez de connaître un parcours nébuleux.

La prise de conscience des réactions

Maintenant que vous avez bien circonscrit le problème, il est important que vous reveniez à vous et que vous preniez conscience de vos réactions lorsque vous êtes importuné ou blessé par les paroles, les actions, les gestes ou les silences de cette personne.

- Avez-vous tendance à la fuir ou à la rejeter ?

- Lui attribuez-vous tous les torts ?

(• Voulez-vous toujours avoir raison quand vous vous parlez ?)

 (• La critiquez-vous dans son dos dans le but, avoué ou non, de vous chercher des appuis contre elle ?)

28

- La menacez-vous ?

- Avez-vous l'habitude de lui adresser des reproches, de l'accuser ou de la culpabiliser ?

(• Vous taisez-vous pour éviter les conflits ?)

- Etc.

Il est possible que vous manifestiez toutes ces réactions. Quoi qu'il en soit, l'important est d'en prendre conscience pour mieux identifier ensuite vos émotions.

La conscience du vécu

Si vous vivez un problème avec une personne, (cela signifie que la relation que vous entretenez avec elle en ce moment vous fait souffrir.) Si vous ne ressentez pas de malaise, vous ne pouvez pas parler de difficulté relationnelle. Parce que vous souffrez plus ou moins intensément, vos réactions sont défensives. Autrement, le ciel serait sans nuages. Il est donc essentiel que vous preniez conscience de votre vécu, quel qu'il soit, avant d'approfondir cette démarche. Tant d'émotions désagréables peuvent être déclenchées en vous quand vous traversez des périodes difficiles sur le plan relationnel : colère, peine, ressentiment, insécurité, impuissance, angoisse, haine, jalousie et peur de perdre, peur de l'échec, peur de décevoir, peur de la solitude, peur du conflit, peur du rejet ou du jugement. Tant de manques sont aussi susceptibles de remonter du plus profond de votre être : manques d'amour, de reconnaissance, d'attention, d'écoute, de sécurité affective, de liberté. Essayez le plus possible d'identifier ce qui se passe en

29

vous. Pour y arriver, cessez votre lecture un moment, fermez les yeux, pensez à cette personne et prenez bien le temps de ressentir vos émotions et vos manques par rapport à elle.

PAUSE

Poursuivez maintenant votre démarche. Ce travail, qui peut s'appliquer à toute autre difficulté – maladie, perte d'emploi, échec, etc. – sera grandement approfondi au cours de la prochaine étape, celle de l'acceptation.

Deuxième étape

L'acceptation

J'accorde un espace important à la deuxième étape du processus entrepris dans ce livre parce que l'acceptation est la porte d'entrée sur le lâcher-prise. Plusieurs personnes tentent par tous les moyens de lâcher-prise sans y parvenir. La raison en est que, très souvent, ces gens n'acceptent pas la réalité qui les affecte. Quand nous cherchons à combattre *ce qui est* et ce qui nous arrive, nous concentrons nos énergies sur une lutte qui exige de nous beaucoup d'énergie. Comme le lâcher-prise s'atteint sans effort, il est essentiel, pour y avoir accès, de remplacer la lutte que nous menons CONTRE *ce qui est* par l'acceptation. Toutefois, changer un comportement acquis pour accepter une nouvelle manière de réagir aux écueils de la vie demande un temps d'intégration. Pour faciliter cette transition et continuer à vous guider dans cette démarche, je parcourrai ce thème fondamental en développant chacun des cinq éléments suivants :

- le sens du mot *acceptation* dans cet ouvrage ;

- les réactions habituelles devant les difficultés de la vie ;

33

- l'acceptation appliquée à une expérience personnelle ;

(• l'acceptation appliquée à votre expérience relationnelle difficile ;)

- l'attention particulière aux blessures.

Le sens du mot *acceptation* dans cet ouvrage

Plusieurs personnes croient qu'accepter la réalité, c'est la subir et se résigner. D'autres confondent l'acceptation avec l'approbation. Celles-là refusent d'accepter, parce que le sens qu'elles donnent à ce mot est synonyme de faiblesse et de lâcheté.

Comme ces personnes, il nous arrive fréquemment de rejeter une réalité à cause du sens que nous accordons aux mots qui la représentent. Dans une relation, le sens que nous donnons à certains termes, à cause de la charge affective qui y est rattachée, peut même déclencher des conflits. C'est pourquoi j'accorde une grande importance à définir les mots-clés que j'utilise dans ces pages. Quand j'emploie le mot *accepter*, il signifie *accueillir* et *recevoir ce qui est*, tel qu'il est, sans dépenser d'énergie dans une lutte épuisante. Accepter, c'est nager dans le sens du courant de la vie, dire « *oui* » à ce qui nous arrive et composer AVEC plutôt que de nous acharner CONTRE. Accepter, c'est choisir la facilité et la paix, ce qui n'a rien à voir avec la paresse et la couardise. Accepter, c'est avancer AVEC la difficulté ou l'épreuve, qu'il s'agisse d'une maladie, d'une perte, d'un échec, d'un problème relationnel, d'une souffrance psychique ou d'une réaction impulsive que nous avons eue et qui nous rend honteux, voire coupable. Cependant, accueillir les coups de la vie sans les combattre ne s'avère pas toujours facile. D'une manière générale, l'acceptation n'est pas l'attitude que nous adoptons spontanément quand nous affrontons des réalités qui nous font souffrir. Comment réagissons-nous à ces réalités habituellement ?

Les réactions habituelles devant les difficultés de la vie

Lorsque nous sommes blessés ou éprouvés, suivant notre état intérieur et la situation qui déclenche l'inconfort ou la souffrance, nous versons spontanément dans l'une ou l'autre des réactions suivantes :

1. Nous supportons et refoulons notre vécu pour éviter le conflit ou pour éviter de nous montrer vulnérables, ce qui a pour effet de nourrir en nous le ressentiment.

2. Nous nous victimisons, nous nous apitoyons sur nous-mêmes et attribuons la responsabilité de nos déboires aux autres et au monde extérieur, ce qui nous enlève tout pouvoir sur nos vies et, par conséquent, nous rend impuissants à agir.

3. Nous résistons, nous nous opposons et adoptons une attitude de combattant pour changer le déclencheur de nos malaises, ce qui contribue souvent à nous épuiser, à rendre la relation infernale et à hypothéquer notre santé physique et psychique.

4. <u>Nous *acceptons ce qui est* sans nous résigner et sans nécessairement approuver la situation, <u>ce qui a pour grand avantage de nous apporter la paix.</u></u>

Pour mieux faire comprendre la notion d'acceptation au sens où je l'entends ici, j'emprunterai à mon dernier ouvrage une comparaison particulièrement significative. Je m'inspirerai des arts martiaux. Ceux-ci diffèrent des sports de combat, en ce sens que ceux qui les pratiquent opposent une résistance aux coups qui leur sont portés. Par ailleurs, les adeptes de la plupart des arts martiaux déplacent leur corps dans le sens du coup. Par conséquent, ceux qui résistent sont souvent blessés alors que les autres échappent à la souffrance, car au lieu d'affronter l'adversaire, ils le neutralisent par l'accueil de l'attaque. Ils vont dans le sens du coup porté plutôt que de lutter contre lui. Ainsi, ils n'entretiennent pas la violence et ne se créent pas de douleurs inutiles. De plus, ils ne fournissent aucun effort. De la même manière, quand nous acceptons les épreuves de la vie, nous adoptons une approche qui réduit considérablement nos souffrances En voici un exemple personnel.

L'acceptation appliquée à une expérience personnelle

Pour illustrer mes propos quant à mon expérience de l'acceptation, je résumerai en quelques lignes ce que j'ai raconté d'une manière plus élaborée dans mes deux ouvrages précédents au sujet d'une épreuve qui a changé ma vie : la maladie chronique. Quand, en 1999, après avoir subi de nombreux tests de toutes sortes, les médecins ont posé leur diagnostic au sujet du problème de santé qui m'affectait, j'ai senti que je plongeais dans le vide. Je ne connaissais absolument rien de cette maladie et les mots pour la désigner m'apparaissaient trop compliqués et trop scientifiques pour que je leur donne un sens. Toutefois, lorsqu'ils ont ajouté que le lupus érythémateux disséminé était une maladie auto-immune *dégénérative* et *incurable*, j'ai pris conscience que c'était beaucoup plus sérieux que je ne le pensais. En effet, malgré leur persistance et la douleur qu'ils me causaient, je n'avais jamais pensé que mes symptômes révéleraient un problème important.

Devant ce diagnostic, je n'ai pas réagi en me victimisant ni en m'apitoyant, ce qui m'arrive parfois dans d'autres circonstances. Comme chaque fois que j'ai affronté un événement difficile dans la vie, j'ai eu le réflexe du guerrier. Au lieu de considérer cette épreuve comme une catastrophe, elle m'est apparue comme un défi à relever. Ainsi, je me sentais forte, solide et en possession de tout mon pouvoir. Quelle belle image de moi me procurait cette attitude ! J'ai donc banni de mon vocabulaire et de mes pensées les mots *incurable* et *dégénérative* et j'ai décidé de combattre la maladie pour la chasser de mon existence. Comme j'étais convaincue de mon entière responsabilité quant à sa présence, je n'avais aucun doute quant à ma capacité de la faire disparaître.

Croyez-moi, j'ai fait tout ce que j'ai pu pour m'en sortir. J'ai voyagé dans des pays étrangers pour rencontrer les soi-disant *meilleurs spécialistes*. J'ai essayé des supposées *méthodes miracles* et pris des produits issus des plus récentes recherches, des produits réputés pour leur efficacité. J'ai dépensé temps, énergie, argent. J'ai prié et médité avec la plus grande sincérité. J'ai suivi une thérapie. Tout cela parce que je n'avais absolument aucun doute : j'allais guérir. D'ailleurs, mon état de santé s'améliorait de mois en mois. Je me croyais proche du but lorsque, en juin 2005, une rechute m'a ramenée en deçà de la case départ.

Dans un premier temps, cette épreuve complètement inattendue m'a anéantie. Je me sentais un peu comme un cancéreux en rémission à qui on annonce que son corps est rempli de métastases et qu'il se trouve en phase terminale. À ce moment-là, toutes mes croyances à propos de la pensée positive, de la foi et de la responsabilité ont été balayées en un tour de main, de même que mon sentiment d'invincibilité. Moi qui avais pensé positivement, qui avais cru fermement en la guérison, qui avais assumé pleinement ma responsabilité et qui me croyais assez forte pour en sortir par mes propres moyens, je perdais en l'espace d'un instant tous mes points de repère. Je me sentais terriblement seule, sans ressources et sans espoir.

Cette période de ma vie a été l'une des plus difficiles à traverser. Je me sentais impuissante et fautive. Aussi bizarre que cela puisse sembler aujourd'hui, j'étais envahie par une honte telle que j'avais envie de me cacher. Selon moi, le fait que je n'avais pas réussi à me guérir, prouvait que j'étais dénuée de valeur. Je me suis alors questionné jusqu'à m'en torturer l'esprit. Je me suis demandée ce que je n'avais pas fait et que j'aurais dû faire pour atteindre mon but. À force de chercher des réponses et d'en parler à des personnes significatives, j'ai fini par réaliser que mon expérience rejoignait celle d'un grand nombre de gens affectés par une épreuve importante. En fait, quand nous traversons des moments de ténèbres, nous lisons et entendons tellement de conseils et d'interprétations en ce qui concerne notre problème que nous finissons par nous sentir coupables, inadéquats et incapables si nous demeurons impuissants à le résoudre. C'est du moins l'état dans lequel je me trouvais à ce moment-là.

Cependant, aussi paradoxal que cela puisse paraître, c'est dans ce moment de grande obscurité que mon processus de guérison intérieure a débuté. Au plus creux de la vague, épuisée et vaincue dans mon combat, j'ai décidé d'arrêter de chercher, J'ai accepté une fois pour toutes que dans la vie, il y a des choses que notre raison ne comprendra jamais ou ne comprendra que plus tard.

Pourquoi cette épreuve ? Pourquoi cette souffrance ? Qu'avais-je fait pour m'attirer ça ? À ces questions qui me tourmentaient et auxquelles je ne trouvais que des réponses incomplètes, insatisfaisantes et torturantes, j'ai fini par répondre : « Je ne sais pas. » « Je ne comprends pas. » C'est en acceptant de ne pas tout savoir et de ne pas tout comprendre que j'ai finalement pu dire « oui » à la maladie sans me résigner. À ce moment-là, j'ai pris conscience que j'avais cru en la guérison, mais que je m'étais débattue jusqu'à l'épuisement par manque de foi dans le pouvoir de mes ressources les plus profondes. J'ai aussi pris conscience de mon impuissance, de ma peur de souffrir et de mon chagrin et je les ai acceptés. Cette acceptation m'a procuré une paix que vous connaîtrez aussi lorsque vous l'aurez appliquée à votre propre expérience de souffrance relationnelle ou à tout autre type de souffrance.

L'acceptation appliquée à votre expérience relationnelle difficile

La première étape de la préparation au lâcher-prise, que vous avez franchie précédemment, consiste à prendre conscience de la situation relationnelle qui vous dérange présentement ainsi que de vos réactions et de vos émotions par rapport à la personne impliquée dans cette situation. Pour faciliter l'expérience d'intégration du processus entrepris, il est essentiel que ce point de départ soit suivi par une période plus ou moins longue d'acceptation de cette réalité, de vos défensives face à elle et de votre vécu. L'exemple précédent démontre bien l'importance de l'accueil de *ce qui est* comme moyen efficace pour réduire l'effort inutile et pour trouver la paix intérieure.

Je vous encourage donc, à ce moment-ci du processus, à accepter que vous avez un problème relationnel avec la personne qui déclenche des malaises en vous ces temps-ci. L'acceptation dont je parle ici n'est pas uniquement d'ordre rationnel. Il est fondamental qu'elle soit bien ressentie. Lorsqu'elle le sera, vous éprouverez un bien-être intérieur. Celui-ci deviendra plus intense encore quand vous aurez pris le temps d'accueillir aussi toutes les réactions défensives que vous avez manifestées jusqu'à ce jour par rapport à cette personne. Accueillez vos refoulements et votre victimite. Accueillez vos jugements, vos critiques, votre agressivité et même vos efforts pour changer la personne concernée. Dites mentalement, par exemple : « J'accepte d'avoir réagi défensivement par la critique et l'accusation » ou encore « J'accepte de m'être victimisé ». Quelle qu'ait été votre

40

réaction, sachez qu'elle est correcte et normale. **Ne soyez pas dur envers vous-même. Recevez chaleureusement l'humain en vous et ne vous condamnez pas. Vous accuser vous-même ou vous culpabiliser vous causera autant de mal, sinon plus que le fait de blâmer l'autre et de le culpabiliser.** Tous, qui que nous soyons, avons appris à nous défendre lorsqu'un geste, une parole ou une action réveille nos blessures. C'est donc humain de réagir. |La meilleure attitude pour trouver la paix est d'accepter la réalité. |

Vous saurez que vous avez bien accueilli vos réactions lorsque vous ne porterez plus de jugement sur vous-même. Vous serez alors prêt à accepter ce que vous vivez par rapport à la personne qui vous a blessé. Que vous ressentiez de la haine, de la colère, de la jalousie, de la peur, de l'insécurité, de la peine ou toute autre émotion dite *négative*, accueillez-la, quelle que soit son intensité. Accueillez aussi vos manques sans en responsabiliser votre déclencheur. Surtout, ne refoulez pas.

Pour la plupart d'entre nous, cet accueil de la réalité intérieure est très difficile à réaliser. Dans la majorité des religions, et particulièrement dans les religions judéo-chrétiennes, les émotions désagréables sont considérées comme des péchés. Cela explique en partie pourquoi nous refusons de les ressentir, encore plus de les exprimer. Même si nous avons abandonné toute pratique religieuse, cette croyance est logée dans notre inconscient collectif. Nous devons donc nous donner ce droit d'être émotifs et vulnérables. Sans cet accueil, nous nous déconnecterons de notre vécu et intensifierons nos défensives, au point de devenir insensibles, voire mesquins, sans même le vouloir.

Vous êtes une personne vulnérable et les émotions que vous ressentez ne sont pas toujours agréables. Sachez qu'il n'existe pas de plus grande preuve d'amour de vous-même que celle d'accepter la vulnérabilité causée par vos blessures. Aimez-vous assez pour être hospitalier avec les émotions déclenchées en vous par la personne avec laquelle vous vivez une expérience relationnelle éprouvante. Dites, par exemple : « J'accepte d'avoir du ressentiment et d'éprouver de la colère envers ... (nommez ici la personne). » Par ce travail d'acceptation ressentie, vous accorderez à vos blessures psychiques l'attention dont elles ont besoin pour guérir.

L'attention particulière aux blessures psychiques

Comme je l'ai expliqué dans certains autres ouvrages, être blessé psychiquement, c'est être atteint dans une zone de sensibilité qui a été formée par les émotions refoulées au cours d'expériences relationnelles passées. Ces expériences ont déclenché en nous une souffrance que nous n'avons pas exprimée au moment où nous l'avons ressentie. Refoulée, elle est intensifiée chaque fois qu'elle est réveillée de nouveau dans le présent si nous la réprimons. Elle devient alors comme un enfant de qui nous exigerions le silence lorsqu'il est blessé.

Que diriez-vous d'un père ou d'une mère qui abandonnerait son enfant en souffrance pour se centrer sur celui qui l'a blessé ? Vous le jugeriez probablement sévèrement. Pourtant, vous agissez de cette manière quotidiennement avec votre souffrance. Vous la délaissez complètement pour vous occuper de celui ou celle qui l'a réveillée.Soit vous vous adressez directement au déclencheur pour l'accuser, le menacer ou le blâmer, soit vous le faites en nourrissant des pensées qui ravivent votre blessure. Dans un cas comme dans l'autre, votre douleur se trouve une fois de plus refoulée. Elle n'a pas d'autre voie que de s'exprimer un jour par des symptômes physiques ou psychiques plus ou moins graves.

Vous êtes sûrement conscient de l'importance d'exprimer votre vécu. Cependant, si le fait de *savoir* ne change pas vos comportements, c'est tout simplement parce qu'il y a quelque chose de menaçant dans le fait de vous montrer vulnérable et de vivre vos émotions. Ce sentiment d'insécurité vient d'expériences passées qui ont incrusté en vous des peurs. Tant de peurs, en effet, bloquent la libération de l'énergie émotionnelle : peur du rejet, du jugement, de la critique, du ridicule, du conflit ; peur de donner à l'autre le pouvoir de vous blesser davantage ; peur de paraître faible, malade ou inadapté ; peur de blesser, de perdre l'amour, d'être humilié ou abandonné.

Soyons honnêtes, même si elles sont souvent dramatisées, il n'en reste pas moins que ces peurs ont une résonnance dans votre réalité quotidienne. Il est vrai que l'expression de l'émotion est loin d'être toujours accueillie sans jugement. Que faire alors avec vos blessures quand elles sont réveillées ici et maintenant ? Que faire avec les émotions souffrantes que vous vivez par rapport à la personne avec laquelle vous traversez une période difficile en ce moment ? Il existe deux moyens efficaces d'être un bon parent pour votre souffrance quand vous êtes blessé :

- être présent à elle ;

- vous confier à une personne de confiance.

<u>Être présent à vos émotions</u>

Il y a en vous une conscience plus large que la raison, une présence qui sait ce que vous pensez au moment où vous le pensez et qui peut percevoir aussi vos émotions et vos sensations dans l'ici et maintenant. Quand vos blessures sont réanimées, cette présence peut s'occuper d'elles en restant attentive à votre souffrance et en la laissant s'exprimer. Pour que vous me compreniez, je vous raconterai une expérience d'envahissement que j'ai vécue récemment. Cette expérience a ravivé en moi une importante blessure intérieure refoulée. Au moment où je l'ai vécue, j'ai ressenti une colère énorme et totalement démesurée par rapport à l'importance de la situation qui l'avait déclenchée. Cette colère était tellement intense que si je n'avais pas été présente à elle, je me serais acharnée contre la personne qui l'avait éveillée et je lui aurais dit des paroles que j'aurais probablement regrettées par la suite.

Plutôt que de me tourner vers l'*envahisseur*, je suis restée présente à cette émotion qui habitait tout mon être. J'étais consciente de sa présence et de son intensité. De plus, je savais à quel point mon attention à elle était importante si je voulais la calmer. Sans cette présence, elle m'aurait submergée. Elle aurait pris toute la place en moi et j'aurais perdu ma capacité de discernement. Je n'aurais alors plus été maître de mes réactions. Pour me libérer, je me devais donc d'agir avec cette colère comme

un bon parent reste attentif à son enfant quand il souffre et l'aide à exprimer sa peine par une écoute sans jugement.

En toute conscience, j'ai donc laissé *être* ma colère. Elle s'est d'abord extériorisée par des sons. J'ai laissé les sons épouser l'intensité de mon vécu. Ils jaillissaient de plus en plus rapprochés et de plus en plus forts. Pendant que je pratiquais cet exercice, je restais présente à ce que je faisais pour que la colère ne s'empare de moi et me domine. J'ai donc exprimé ces sons jusqu'à ce qu'ils se transforment en sanglots. Les sanglots, chargés d'intensité, semblaient émerger du plus profond de mon être. À cet instant, j'ai complètement oublié le déclencheur et l'offense. Seule importait l'expression d'une peine trop longtemps refoulée. J'ai pleuré ainsi, toujours en restant attentive à l'émotion, jusqu'à ce que ma peine soit libérée.

J'ai ressenti alors une grande détente dans tout mon corps, un bien-être extraordinaire et surtout une paix intérieure indescriptible. Le fait de ne pas abandonner ma blessure en dirigeant mes pensées ou mes actions vers la personne qui m'avait envahie m'a permis de libérer une souffrance émotionnelle que, pendant une grande partie de ma vie, j'avais repoussée au fond de ma caverne[1] intérieure par peur d'être jugée et de ne plus être aimée. Quand j'ai répété cette expérience, par la suite, j'ai réalisé que, derrière toutes les émotions désagréables à vivre comme la colère, la haine, le ressentiment ou la jalousie, pour ne nommer que celles-là, se cache une peine d'enfant réprimée ou une peine

---

[1] Caverne de souffrance : notion développée dans l'ouvrage *La guérison intérieure, un sens à la souffrance.* Op. cit.

d'adolescent jugé et critiqué. Seuls l'accueil et l'acceptation des émotions honteuses peuvent permettre à cette peine de s'extérioriser, jusqu'à ce qu'elle fasse place à la paix.

Cependant, quand nos blessures sont réanimées, nous ne pouvons pas toujours rester présents à elles. Dans certains cas, la souffrance devient tellement intense que nous craignons d'y faire face. Dans d'autres circonstances, des pensées de vengeance et des dialogues imaginaires destructeurs nous envahissent tellement que nous n'arrivons pas à nous occuper de notre vécu. Nous ressentons alors une grande impuissance à nous soulager, même si nous sommes conscients que, en réagissant ainsi, nous élargissons nos plaies psychiques et que nous nous causons plus de mal que de bien.

La difficulté, voire l'incapacité à nous occuper de nos blessures quand elles sont ravivées est tout à fait normale. Le meilleur moyen de résoudre ce problème est d'abord de l'accepter sans le juger. Cette acceptation facilitera notre ouverture à demander de l'aide et à nous confier à une personne de confiance si nous en sentons le besoin.

Se confier à une personne de confiance

La plupart d'entre nous avons peur de nous montrer vulnérables et fragiles intérieurement. Devant les obstacles de la vie, nous avons développé davantage le personnage du *superman* et de la *superwoman* pour paraître plus forts ou encore celui d'une *pauvre victime* qui se plaint des autres et s'apitoie sur son sort. Ces attitudes ont pour effet de cacher notre vulnérabilité. La conséquence de cette honte de notre sensibilité est de nous faire réagir aux événements éprouvants de la vie par le refoulement ou l'isolement plutôt que de nous confier à une personne de confiance.

Toutefois s'il nous arrive d'exprimer nos difficultés à quelqu'un, c'est trop souvent pour critiquer nos déclencheurs et pour chercher des appuis contre eux plutôt que pour nous occuper de nos blessures. Par nos attitudes défensives, nous négligeons notre souffrance et nourrissons la douleur psychique qui nous ronge le cœur et nous rend malheureux ou malades. Il importe donc que nous nous exprimions pour nous soulager et pour nous libérer du poids du refoulement. Cependant, pour ce faire, il est fondamental de choisir une personne capable de se montrer présente à notre vécu et en mesure de nous écouter sans nous juger, sans nous donner de conseils et sans prendre parti.

Comment reconnaître une telle personne ? Qu'est-ce qui la caractérise ?

Les caractéristiques d'une personne de confiance

Une personne de confiance est un ami, un proche ou un thérapeute :

- qui vous encouragera à parler de vous et de votre blessure plutôt que de parler des autres et de les responsabiliser de vos souffrances ;

- qui ne responsabilisera pas les autres de ses malaises et ne les critiquera pas en leur absence ;

- qui, après avoir découvert vos zones vulnérables, ne s'en servira pas pour prendre du pouvoir sur vous par la suite ;

- qui ne se laissera pas influencer par votre expérience ;

- qui saura respecter la confidentialité.

D'ailleurs, il est extrêmement important que vos confidences ne soient pas répétées sans votre permission. Ceux qui connaissent le jeu du téléphone arabe savent que tout ce qui est répété risque d'être déformé par l'interprétation et la projection. Les conséquences d'une telle attitude s'avèrent souvent désastreuses dans les relations humaines. La personne que vous choisirez doit donc se montrer capable de garder pour elle ce que vous lui confierez. De plus, il est fondamental qu'elle ne se laisse pas influencer par vos propos. En d'autres mots, elle ne doit jamais endosser l'expérience que vous avez vécue avec celui ou celle qui vous a blessé. Cette expérience vous appartient. Elle ne lui appartient pas. Elle doit donc rester fidèle à la sienne, surtout si elle connaît le déclencheur de vos malaises. Si elle prend parti contre celui-ci, elle vous maintiendra dans la souffrance de l'impuissance et de la victimite. De plus, elle perdra son autonomie psychique et sa liberté intérieure, ce qui l'empêchera de vous aider. Sa relation avec la personne qui vous a blessé sera déformée, parce qu'elle sera vécue au travers du prisme de vos difficultés personnelles et de vos blessures plutôt qu'en fonction de son propre vécu.

Cette description d'une personne de confiance vous permet de comprendre à quel point l'honnêteté envers vous-même est essentielle dans le choix d'un bon confident. Si vous cherchez la confluence, vous ne vous dirigerez probablement pas vers les mêmes personnes que si vous voulez vraiment que votre démarche vous mène à la paix du cœur. **Devenir vous-même un ami de confiance pour les autres est un bon moyen de vous entourer de personnes fiables et intègres.** Vous comprendrez alors de l'intérieur que, lorsqu'une personne se montre vulnérable et qu'elle vous révèle sa vérité intérieure, elle vous offre le cadeau précieux de sa confiance. Ne la trahissez pas en répétant ce qu'elle vous a confié. N'oubliez pas que, sans confiance, il est impossible de construire une relation saine, bénéfique et nourrissante Quand la confiance est perdue, il faut beaucoup de temps, parfois des années, pour la reconstruire. Dans certains cas, elle ne se reconstruit jamais, et ce, même si le pardon a eu lieu.

Le mieux, c'est de devenir un bon ami pour vous-même. Vous pourrez alors accueillir et accepter votre monde intérieur avec compassion et amour, et connaître ainsi le bien-être que procure la paix. Cette paix tant recherchée prépare au lâcher-prise. Si vous êtes assez présent à votre corps pour le respecter en tout temps, elle deviendra encore plus profonde.

Troisième étape

La présence au corps

Quel rôle peut jouer la présence au corps dans un processus qui mène au lâcher-prise ?

Je répondrai à cette question en développant les trois thèmes suivants :

- le respect du corps ;

- le pouvoir du ressenti ;

- l'application à votre situation relationnelle.

Le respect du corps

Le corps est la porte d'entrée de l'âme, alors que le mental en est la porte de sortie. Autant le corps sert de pont pour faciliter le passage entre la vie extérieure et la vie intérieure, autant le mental non maîtrisé nous entraîne vers le monde extérieur. Croyez-moi, le chemin le plus court vers le lâcher-prise et la vie spirituelle, c'est le corps. En réalité, toute spiritualité qui n'est pas incarnée risque d'être cérébrale et défensive. Ainsi, elle provoque plutôt un sentiment de supériorité qui pousse certains êtres à croire qu'ils détiennent la vérité. Forts de cette croyance, ceux-ci prennent du pouvoir sur les autres, ce qui provoque des conflits relationnels et créent des guerres de religion qui n'en finissent plus.

Nous sommes des êtres incarnés. Nier l'importance prioritaire du corps, c'est s'amputer d'une dimension nécessaire à notre cheminement intérieur. C'est pourquoi il est si important de respecter notre corps et de changer notre attitude par rapport à lui. Au lieu de le considérer comme un instrument à notre service, nous gagnerions à le servir. Il m'a fallu la maladie pour le comprendre. J'agissais avec mon corps un peu comme avec ma voiture. Il devait m'amener là où je voulais aller. Il devait performer pour que j'atteigne mes objectifs. Je ne respectais pas du tout ses limites et je refusais d'entendre ses malaises. J'étais pour lui un maître intransigeant et je le tenais à la merci de mon mental. J'ai dû affronter un grave problème de santé pour comprendre la nécessité de changer mon approche : plutôt que de mettre mon corps à mon service et de servir le mental, je devais impérativement agir dans le sens contraire. Mon mental avait besoin d'être dirigé pour devenir efficace et mon corps, d'être respecté pour guérir.

Nous entendons beaucoup parler d'écoute du corps, mais très peu de respect de celui-ci. Pourtant, nous pouvons très bien écouter notre corps sans le respecter. Écouter signifie *entendre* alors que respecter, c'est *traiter avec déférence*. La vérité est que nous *entendons* nos limites et nos malaises sans passer à l'action.

Comment respecter notre corps et en faire une porte d'entrée sur l'âme ?

En plus de lui fournir une alimentation qui répond à ses besoins spécifiques, de pratiquer quotidiennement des exercices agréables pour lui donner de l'énergie et de bien respirer pour qu'il soit plus vivant, nous devons surtout le détendre. Notre tendance à nous activer et à dépasser largement nos limites engendre énormément de stress. **Quand nous commençons à nous donner du temps pour relaxer et *ne rien faire*, nous commençons à saisir le lien entre le repos du corps et la vie intérieure.**

Il existe plusieurs manières de détendre le corps. Certaines sont mécaniques et ne sont pas nécessairement favorables à l'intériorisation parce qu'elles sollicitent trop l'intervention du mental. Pour que votre corps devienne une porte d'entrée sur votre âme, pour qu'il serve de pont entre votre vie extérieure et votre vie intérieure, pour qu'il vous prépare au lâcher-prise, vous devez le RESSENTIR plusieurs fois par jour.

Le pouvoir du ressenti

Nous sommes familiers avec l'observation du corps, mais non avec le *ressenti*. En fait, nous ne prenons pas suffisamment le temps de goûter nos sensations sans chercher à les identifier ni à les nommer. Pour y parvenir, il s'agit tout simplement de vivre pleinement l'état dans lequel se trouve le corps dans l'ici et maintenant, comme lorsque nous mangeons et que nous savourons le goût des aliments. À ces moments-là, nous ne cherchons pas à savoir si la saveur est amère, sucrée ou salée. Nous la ressentons sans plus. Ainsi, pour jouir d'une détente immédiate et franchir le pont qui mène du corps à l'âme, il faut *ressentir* le corps, c'est-à-dire *vivre un état* et non *effectuer une action*.

Appliquons cet exercice à votre difficulté relationnelle.

Application à votre difficulté relationnelle

Au cours de la deuxième étape du processus, vous avez accepté la difficulté que vous vivez en ce moment. Maintenant je vous propose, après avoir bénéficié de la paix que procure l'acceptation, de prendre le temps de *ressentir* votre corps. Si votre mental intervient, ne luttez pas contre lui. Prenez-en conscience et revenez à la sensation. Faites cet exercice maintenant. Fermez les yeux, ne pensez plus et ressentez votre corps pendant au moins une minute. Vous pouvez commencer par vos mains, poursuivre par vos bras, vos jambes et, ainsi de suite en remontant jusqu'à la tête.

PAUSE

Maintenant que vous avez pris le temps d'expérimenter cet exercice, observons les effets produits sur tout votre être. Si vous avez réussi à rester dans vos sensations, vous vous sentez sûrement plus détendu et vous éprouvez certainement un sentiment de paix encore plus grand que celui que vous avez perçu au cours de l'étape précédente. Le but de cette troisième étape est précisément d'approfondir votre sentiment de paix intérieure pour vous préparer au lâcher-prise. Vous avez d'ailleurs probablement observé que cette dernière expérience vous a amené, en l'espace d'un seul instant, du monde extérieur où vous étiez vers le monde intérieur. Bien sûr, il est tout à fait possible que votre mental ait voulu vous entraîner vers le dehors, mais si vous êtes revenu à vos sensations sans lutter contre lui, vous êtes certainement arrivé à vous recentrer rapidement.

Cet exercice produit un effet immédiat. Vous pouvez l'exécuter plusieurs fois par jour pendant une période de 30 secondes à 1 minute chaque fois. Il a l'avantage de pouvoir se réaliser partout et à tout moment, particulièrement quand vous vous sentez stressé. Par exemple, quand vous exécutez un travail intellectuel, arrêtez-vous de temps en temps pour ressentir votre tête et votre front. Vous bénéficierez d'une détente instantanément. Faites de même quand vous restez trop longtemps devant votre ordinateur.

Vous pouvez aussi ressentir votre corps les yeux ouverts, quand vous conduisez votre voiture en pleine circulation ou durant une réunion pendant laquelle les discussions sont un peu trop animées. Ressentez alors votre ventre, votre poitrine et vos épaules. La détente s'installera tout de suite. Vous pouvez également vous servir de cet exercice comme moyen de méditation, 15 à 20 minutes le matin au lever et de nouveau après votre journée de travail. Je vous encourage fortement à l'intégrer à votre vie quotidienne. Après un certain temps, vous ne pourrez plus vous en passer et vous vous sentirez plus calme que jamais parce que vous ne laisserez plus le stress s'emparer de vous. Vous saurez comment le neutraliser dès qu'il vous envahira.

Appliquez aussi cette pratique à votre relation difficile. Aussitôt que vous vous rendrez compte que vous entretenez des pensées désagréables et inquiétantes par rapport à la personne qui vous a blessé, recentrez-vous dans votre corps, et ce, aussi souvent que vous en sentez le besoin. Petit à petit, vous deviendrez ainsi le maître de votre mental et vous vous mettrez au service de votre corps. La paix que vous ressentirez par rapport à votre problème, aussi passagère soit-elle au début, vous aidera à aller au bout du processus, qui se termine par le passage à l'action. De plus, cette paix vous ouvrira la voie à la quatrième étape, celle du lâcher-prise.

Deuxième partie

—— ❧ ——

Le lâcher-prise

Quatrième étape
Le lâcher-prise

Nous sommes, avec cette quatrième étape, au cœur de ce guide pratique. Vous avez appris à *accepter ce qui est* et à *ressentir* votre corps, vous savez maintenant comment traverser le pont qui conduit au lâcher-prise. Vous êtes prêt à vivre cette merveilleuse expérience, qui s'actualisera à l'intérieur de vous-même dans les moments où vous réussirez à calmer l'activité de votre mental, sans le combattre. Vous cesserez alors de vous activer.

Pour décrire cette expérience, j'emprunterai certains mots à mon dernier ouvrage *La guérison intérieure par l'acceptation et le lâcher-prise*. En effet, ils rendent bien l'idée que je veux communiquer ici et ils s'appliquent parfaitement à la démarche que vous poursuivez en ce qui a trait à votre difficulté relationnelle. Pour ceux qui ont déjà lu ce livre, la répétition servira de rappel indispensable à la poursuite du processus entrepris, tout en favorisant l'intégration.

Que signifie *lâcher prise* et comment pourrez-vous arriver à vivre pleinement cette expérience libératrice ?

Que signifie lâcher prise ?

| Lâcher prise, c'est cesser de vous battre et de vouloir tout contrôler pour passer le relais à la partie irrationnelle de votre être lorsque vous êtes confronté aux limites de la partie rationnelle et aux limites de votre corps. Très souvent, quand vous êtes éprouvé ou blessé, le problème suivant se pose : vous tentez probablement de tout prendre en charge ou encore de vous faire prendre en charge par vos soignants ou par votre entourage pour éviter de souffrir ou parce que vous manquez de confiance en vos ressources intérieures. Pourtant, pour que ces ressources se manifestent, il suffit d'ouvrir votre cœur à l'invisible en faisant taire votre mental, et d'écouter le silence, en arrêtant de FAIRE.

Le mot *invisible* fait référence à quelque chose d'abstrait, j'en conviens. Ce terme peut sembler rébarbatif à certains d'entre vous parce qu'il est du domaine du concrètement impalpable et du rationnellement insaisissable, spécialement pour les gens qui n'ont jamais expérimenté l'intériorisation dont il est question ici. C'est pourquoi, lorsque vous pénétrez dans votre monde intérieur, il est ESSENTIEL que vous trouviez des mots auxquels votre raison donne un sens pour que celle-ci ne bloque pas le processus entrepris. Les mots possèdent une valeur affective beaucoup plus qu'une valeur sémantique, car ils sont rattachés, pour un grand nombre d'entre eux, à des expériences de vie qui ont eu un impact agréable ou désagréable sur votre psychisme. Par exemple, le mot *Dieu* rebute un grand nombre de personnes parce que, pour ces dernières, il fait référence aux mots *péché, punition, obligation, pouvoir, vérité, religion, guerre, enfer*. Pour d'autres, au contraire, il correspond à des expériences d'*amour*, de *bien-être* et de *libération*. Il en est ainsi de tous les mots.

Pour désigner cette partie invisible et intérieure de votre être, je vous encourage à choisir un terme ou une expression qui ne vous choque pas. Vous pouvez remplacer les mots divin et âme, qui rejoindront cependant certains d'entre vous, par *intuition, intelligence irrationnelle, guide* ou encore *force profonde*. Quelles que soient nos croyances et l'appellation choisie, la réalité qu'elle représente est la même pour chacun d'entre nous. Il serait dommage de vous priver d'une expérience bénéfique à cause d'un mot.

De toute façon, il est dangereux de limiter l'expérience du lâcher-prise au seul mot D*ieu* sans apporter de précision par rapport à ce terme, parce que lâcher prise ne signifie pas du tout compter sur un Dieu extérieur qui prendra en charge toutes les souffrances causées par vos blessures. Agir dans ce sens serait aussi stérile que d'attendre que vos parents, vos enfants, votre conjoint ou vos amis prennent la responsabilité de vous soulager quand vous vous sentez mal. Dieu n'est pas une bouée de sauvetage, un objet auquel on s'accroche désespérément dans la souffrance. Une telle conception signifierait que vous restez dépendant du monde extérieur. Cela ne pourrait que vous attirer des déceptions. Il n'est pas non plus un refuge que vous pouvez utiliser pour fuir votre réalité quand elle devient insupportable. À mon sens, il est plutôt une force intérieure, une énergie universelle, une ressource qui vous constitue et sur laquelle vous pouvez toujours compter quand vous cessez de tout vouloir régler rationnellement.

Si vous apprenez à conjuguer vos forces rationnelles avec vos forces irrationnelles pour en arriver à savoir quand et comment faire appel aux unes et aux autres, selon les situations et selon vos besoins, vous pourrez bénéficier des effets du lâcher-prise. Quand vous serez blessé ou éprouvé, vous ne vous en remettrez plus uniquement aux autres ni à un Dieu extérieur et inaccessible. Vous compterez aussi, et surtout, sur vous-même, c'est-à-dire sur vos ressources habituelles et sur vos ressources intérieures. Ces dernières sont toujours à votre disposition. Elles sont prêtes à se manifester en tout temps. Il suffit que vous les sollicitiez par l'acceptation, le *ressenti* et le lâcher-prise. Pourquoi attendre que la souffrance devienne insupportable pour vous abandonner à elles ? Pourquoi attendre d'être affecté par une maladie physique ou psychique grave, comme je l'ai fait, ou par un événement qui vous laboure le cœur, pour vous ouvrir à la dimension intérieure ? Lâchez prise maintenant et quotidiennement si vous voulez trouver la paix et la sérénité.

Moyens pour faciliter le lâcher-prise

En franchissant les étapes précédentes, vous vous êtes rapproché du lâcher-prise. Cependant, pour faciliter cette expérience, rien de mieux que la visualisation d'un symbole.

En effet, le symbole possède une valeur polysémique et il est plus facile de le représenter par une image que par des concepts. Par conséquent, il ne peut être totalement appréhendé par l'esprit rationnel, car ce dernier cherche à l'enfermer dans une définition ou une description, ce qui lui enlève sa puissance et réduit sa fonction. Par son côté abstrait, magique et évocateur, le symbole est le langage par excellence du monde irrationnel. Seul ce monde peut saisir l'ampleur de sa portée et la richesse de son message. Aussi, quand vous vous adressez à la partie intérieure de vous-même, faites-le avec des symboles ainsi qu'avec des mots. L'intelligence de votre cerveau gauche, siège de l'intuition et de la perception globale, saisira immédiatement toute l'information abstraite et imperceptible qu'ils renferment. Donc, en plus de confier votre difficulté à votre intelligence irrationnelle en formulant des demandes verbales, utilisez une image. En d'autres mots, trouvez maintenant un symbole qui évoque bien votre problème relationnel. Il peut s'agir, par exemple, d'un pont brisé, abîmé ou encombré des détritus du non-dit qui vous empêche de rejoindre la personne concernée. Ce peut être une chaîne rompue, à laquelle manque un maillon, ou un cadenas fermé dont vous avez perdu la clé. Ce qui importe, c'est que vous trouviez votre propre image pour représenter ce qui vous tracasse. Faites-le maintenant.

PAUSE

Parce que le symbole appartient davantage au domaine de l'imaginaire qu'à celui du concret, vous devez vous servir de votre imagination quand vous l'utilisez. Comme l'image choisie dans cet exercice est reliée directement à votre réalité, elle vous mènera vers des solutions qui seront en lien avec cette réalité et non vers des moyens qui ne concernent nullement votre problème. Lorsque l'imaginaire est complètement séparé de la vie réelle, il est débridé et conduit inévitablement à la déception, car il est alors fondé sur l'illusion. Par contre, quand il sert à représenter un symbole lié à la réalité concrète, il constitue un excellent outil de création pour franchir les obstacles de la vie.

C'est donc des vertus de cette merveilleuse faculté dont vous vous servirez pour la suite de cette démarche. Imaginez que vous confiez à la partie intérieure de vous-même votre symbole, qui représente, en fait, votre problème relationnel traduit dans un langage accessible au monde irrationnel. Si vous voulez communiquer avec un hispanophone unilingue, vous chercherez spontanément un moyen pour qu'il vous comprenne. En effet, vous savez qu'il ne comprendra pas votre message si vous lui parlez en français. Il en est de même avec votre intelligence irrationnelle, qui saisit mal le langage de votre raison, car ce n'est pas le sien. Donc, fermez les yeux et imaginez que vous présentez votre symbole à votre intelligence profonde pour qu'elle vous éclaire et vous aide à trouver le chemin pour résoudre votre problème. Ne forcez rien. Restez simplement présent à ce que vous faites. Ne laissez pas votre mental vous attirer vers l'extérieur. S'il le fait, prenez-en conscience et revenez à l'intérieur de vous-même.

PAUSE

Cet exercice vous présente une manière différente d'aborder les épreuves de la vie. Au lieu de vous plaindre, de vous résigner ou de vous battre contre elles, vous apprendrez à vous fier à d'autres ressources que celles que vous sollicitez habituellement. Vous découvrirez un monde qui fonctionne différemment de celui que vous connaissez. Si vous n'êtes pas ouvert au changement et à l'inconnu, ce monde ne vous sera jamais accessible et vous ne bénéficierez jamais de ses bienfaits. Je vous encourage donc à faire taire votre mental, qui vous dira sans doute que cette démarche n'est pas valable parce qu'elle n'est pas logique. Il aura raison en partie. Cependant, rétorquez-lui que ce n'est pas parce que ce n'est pas logique que ce n'est pas efficace. Poursuivez votre chemin. Seule l'expérience vécue vous convaincra du contraire.

Maintenant que vous avez confié votre difficulté à votre intelligence irrationnelle, cessez de vous en préoccuper. Détachez-vous complètement des résultats et faites confiance à cette partie de vous qui sait ce que l'autre – la raison – ne sait pas. Les étapes d'accomplissement qui suivent vous mèneront au bout du chemin.

Troisième partie

L'accomplissement

Les personnes qui ont expérimenté le processus développé dans ce guide savent qu'elles peuvent faire confiance aux ressources de leur vie intérieure pour la suite et que le seul fait de lâcher prise et de se détacher du résultat suffit à procurer une paix profonde et durable. Elles n'entretiennent aucun doute à ce sujet. Cette attitude ne signifie pas qu'elles restent passives, apathiques et qu'elles mènent une vie de parasite : le lâcher-prise n'a rien à voir avec l'indifférence ni avec la dépendance. Au contraire, ces personnes jouissent d'une sécurité intérieure suffisante et d'une dose assez grande de pouvoir sur leur vie pour savoir quand et comment agir dans le monde extérieur et quand et comment s'abandonner au monde intérieur. Cette connaissance ne peut résulter que de pratiques répétées des étapes décrites dans cet ouvrage.

Cela dit, il se peut que, en mettant ce processus en pratique, vous ressentiez des doutes à certains moments, ce qui serait tout à fait compréhensible. Vous tourner vers le monde intérieur, c'est entreprendre une aventure qui peut susciter de l'insécurité, voire une peur de l'inconnu, car vous ne pouvez aborder ce monde de la manière dont vous abordez celui dans lequel vous êtes habitué de fonctionner, c'est-à-dire le monde rationnel. Le seul fait pour vous de prendre conscience des malaises causés par vos doutes, de les accueillir et de *ressentir* votre corps vous apportera une détente et une paix qui vous convaincront des effets bénéfiques des étapes précédentes. De plus, cela vous donnera envie de poursuivre cette aventure, accessible à tous grâce aux balises qui marquent chaque étape de cet ouvrage.

À ce moment-ci de votre lecture, vous avez déjà franchi plus de la moitié du chemin. Soyez persévérant. D'autres expériences favorables vous attendent. Les trois dernières étapes de *l'après-lâcher-prise*, réunies sous le thème *accomplissement*, ne peuvent être escamotées. Si vous voulez retirer les bienfaits que vous procurera la mise en pratique de chacune des étapes suivantes, abordez-les une par une sans fournir d'efforts. Elles se nomment :

- l'entre-deux ;

- le choix ;

- le passage à l'action.

Quand vous les appliquerez à votre difficulté relationnelle, comme vous l'avez fait avec les quatre étapes précédentes, vous vous sentirez encore beaucoup plus libre intérieurement par rapport à votre déclencheur. Vous serez moins prisonnier de vos pensées destructrices et moins possédé par votre souffrance. Par ailleurs, vous serez habité par un sentiment d'accomplissement qui vous rendra fier de vous et qui, par conséquent, intensifiera l'amour de vous-même. Franchissons donc ensemble la distance entre le lâcher-prise et la fin du voyage. Bonne route !

Cinquième étape

L'entre-deux

La cinquième étape du voyage s'appelle *l'entre-deux* parce qu'elle est l'intervalle entre le NON-FAIRE du lâcher-prise et le FAIRE du passage à l'action.

Une fois que vous avez cessé de vouloir tout contrôler, que vous vous êtes vraiment abandonné et que vous avez fait confiance à votre intelligence profonde, soyez assuré qu'une réponse viendra. Ce chapitre a précisément comme objectif de vous apporter des informations sur :

1. le genre de réponse que vous recevrez ;

2. les moyens à prendre pour que cette réponse se manifeste ;

3. l'application de cette réponse à votre difficulté relationnelle.

Le genre de réponse que vous recevrez

Pour obtenir une réponse à la demande d'aide que vous avez faite à votre intelligence irrationnelle au moyen d'un symbole, aucun effort n'est nécessaire. Il est même très important que vous ne nourrissiez aucune attente et que vous restiez complètement détaché du résultat à obtenir. Souvenez-vous qu'il s'agit à ce stade-ci d'une expérience d'abandon et de confiance en vos ressources irrationnelles et non d'une expérience de passage à l'action. Rappelez-vous qu'il y a en vous une sagesse que votre raison, malgré ses nombreuses qualités, ne possède pas. C'est à cette sagesse qu'il faut vous adresser. Plus vous saurez lui faire confiance, plus elle sera en mesure de vous aider. Sachez toutefois qu'elle ne s'exprime jamais quand la raison prend le contrôle. De plus, elle n'est pas compétitive et ne possède aucun sens du pouvoir. Elle ne se battra donc pas contre votre mental. Elle ne fera qu'exister tout simplement, ce qui vous donne l'entière liberté de la solliciter ou non.

Vous voulez sûrement savoir comment se manifeste la forme d'intelligence qui est douée d'une telle sagesse ? Disons d'abord que son langage ne ressemble en rien à celui du mental qui, lui, analyse, compare, classifie, synthétise et tire des conclusions de ses réflexions. Votre sagesse profonde s'exprime par une sorte de *ressenti* qu'on appelle l'INTUITION. Cette faculté est définie par le Petit Robert comme une « forme de connaissance immédiate qui ne recourt pas au raisonnement ». Elle agit même en l'absence de raisonnement. Elle ne résulte donc d'aucune élucubration de l'esprit rationnel. Son expression est directe et spontanée. Si vous pensez trop, vous ne serez donc pas disponible pour la ressentir lorsqu'elle se manifestera.

Le mot *ressentir* est le plus juste que je puisse utiliser pour vous expliquer comment l'intelligence irrationnelle se révèle à vous. Vous avez déjà, à plusieurs reprises, entendu son langage. En effet, qui que vous soyez, vous avez au moins une fois dans votre vie prononcé ces paroles: « Si j'avais écouté mon intuition, je n'aurais pas arrêté tel choix, accompli telle action ou dit telle parole. » Vous avez donc expérimenté sa présence. Toutefois, comme elle s'exprime par le *ressenti* dans les moments les plus inattendus et les plus calmes, vous ne l'avez peut-être pas toujours prise au sérieux. En fait, elle agit dans ces instants-éclairs où vous *sentez* très fortement et sans l'ombre d'un doute comment vous devez agir.

Malheureusement et très souvent, vous n'accordez aucune importance à son intervention, car votre mental l'emporte fréquemment et vous met en garde contre son illogisme. Pourtant, c'est dans les périodes d'inactivité du monde rationnel qu'ont eu lieu la plupart des découvertes les plus bénéfiques pour l'humanité, car c'est dans ces moments-là que les grands hommes et les grandes femmes se trouvaient le plus proches de leur vie intérieure et qu'ils étaient le plus disponibles à entendre les communications en provenance du dedans.

Aussi, pour vous aider à rester davantage présents à votre intuition, je vous rappellerai certains moyens qui, lorsqu'ils sont mis en pratique régulièrement, s'avèrent d'une efficacité surprenante.

Les moyens pour être présents à votre intuition

Le premier moyen et le plus important réside dans l'ouverture au changement, à l'inconnu et à la nouveauté. Si vous restez cantonné dans le cadre de la logique et du concret, que vous connaissez déjà, vous aurez tendance à rejeter tous les *ressentis* qui ne correspondent pas à votre monde habituel de penser. Votre mental les jugera insignifiants et vous vous priverez ainsi d'une ressource exceptionnelle. En fait, vous ouvrir au monde de l'irrationnel exige une certaine dose d'humilité, car cela suppose que vous reconnaissiez les limites de votre raison. Celle-ci vous renferme dans votre égo lorsque vous lui donnez tous les pouvoirs. Elle résiste à laisser à votre force spirituelle les fonctions qui lui reviennent.

L'ouverture au monde du dedans et à son langage qui semble parfois hétéroclite est indispensable pour bénéficier de sa forme de savoir. Cependant, aussi nécessaire soit-elle, cette disposition de votre esprit à accueillir l'irrationnel et l'immatériel ne suffit pas pour vous préparer à saisir les communications de l'intuition. Il est aussi important que vous vous accordiez quotidiennement des périodes de détente et de repos, parce que cette merveilleuse faculté se fait entendre beaucoup plus facilement quand vous n'êtes pas stressé par un horaire trop chargé ou envahi par des pensées qui entretiennent des émotions désagréables.

La détente requise s'atteindra plus aisément si vous vous accordez du temps pour *être* dans la nature. Les arbres, les fleurs et les plantes, lorsque vous êtes présent à eux, possèdent le fabuleux pouvoir de vous rapprocher de votre divinité intérieure et de vous procurer la paix. Si vous vivez en ville et n'avez pas accès à la nature, ménagez-vous des périodes de silence. Savoir écouter le silence, c'est se soustraire instantanément au brouhaha qui vous maintient dans le monde du dehors et qui contribue à vous stresser ; à vous rendre inquiet, *insécure* et méfiant.

Je vous encourage donc à vous réserver des périodes de solitude pour vous détendre, pour marcher dans la nature ou pour retirer les nombreux avantages qu'apporte le silence. Si, tous les jours, vous ajoutez à ces moyens un peu de temps pour ressentir votre corps, vos serez surpris de constater combien il est facile de demeurer présent au monde intérieur et d'entendre les messages de l'intuition. Cette dernière vous donnera alors la réponse qui vous guidera vers la résolution de la difficulté relationnelle qui vous perturbe ces temps-ci.

L'application de la réponse à votre difficulté relationnelle

La réponse appropriée à la situation qui vous préoccupe peut venir de l'extérieur ou de l'intérieur de vous-même. Lorsqu'elle vient de l'intérieur, elle se manifeste par une idée qui surgit spontanément et à laquelle vous n'aviez jamais pensé ou, encore, elle s'exprime par une image ou par un rêve. Par exemple, dans un moment de grande détente, l'image d'une colombe peut s'imposer à votre esprit. L'image d'une clé pour déverrouiller votre cadenas symbolique se présentera peut-être à vous. Les rêves sont aussi porteurs de messages très révélateurs. Quels qu'ils soient, ces messages non verbaux deviendront significatifs s'ils rencontrent une résonance en vous sur le plan émotionnel. Ils pourront alors vous apaiser et susciter soudainement, à l'intérieur de votre être, un besoin de faire la paix avec cette personne. Il est possible aussi que la représentation onirique d'une forêt enveloppante et bienfaisante éveille en vous le désir d'être bon envers vous-même, de vous faire du bien et de vous pardonner vos erreurs.

Pour bien comprendre le langage des images, il est nécessaire que vous soyez attentif à l'émotion que vous vivez quand elles se manifestent et au besoin qu'elles font naître en vous. Je me souviens d'une expérience relationnelle éprouvante que j'ai vécue il y a quelques années. Cette difficulté me torturait tellement intérieurement que j'envisageais de rompre ma relation avec cette personne qui réanimait constamment la douleur de mes blessures psychiques. Grâce à mon expérimentation du processus que je décris dans ce guide, l'image d'un chien calme et affectueux s'est imposée à mon esprit. Au début, elle ne signifiait rien pour moi, surtout que, à cette époque de ma vie, je ne ressentais aucune affection particulière pour les chiens, ce qui a bien changé depuis. Sachant que cette image n'arrivait pas fortuitement, je ne l'ai pas chassée de mon esprit. Lorsque je me suis rappelé que le chien représente pour moi un symbole de fidélité, une émotion m'a saisie fortement. J'ai senti alors l'attachement profond que je ressentais pour la personne qui déclenchait ma souffrance et j'ai éprouvé le besoin pressant de faire la paix avec elle. Je me suis alors laissé guider par mon sentiment et par mon besoin plutôt que par mes peurs, et j'ai su trouver les mots qui ont mené à la réconciliation plutôt qu'à la rupture. Cet exemple montre que, en réalité, c'est le ressenti qui est important à cette étape-ci du processus. Son langage n'a rien de commun avec l'analyse du mental. Si vous êtes ouverts à l'irrationnel, vous ressentirez ce que vous devez faire pour résoudre votre problème avec la personne concernée.

L'image comporte un sens symbolique très puissant pour celui qui la prend au sérieux. Elle est l'une des formes que prend votre réponse. D'autres fois, cette réponse se manifeste par une idée. Que peut signifier cette idée qui se pointe naturellement sans que vous ayez eu à réfléchir ? Pourquoi jaillit-elle soudainement pendant que vous jouez du piano, que vous prenez une marche dans le bois ou que vous épluchez vos carottes ? D'où vient-elle sinon du cœur de vous-même ? Elle ne résulte d'aucune pensée ni d'aucune réflexion. Elle arrive sans s'annoncer, comme un arc-en-ciel après la pluie, et résonne en vous comme une évidence indiscutable. Vous sentez qu'elle est juste. Que vous dit-elle ?

- Peut-être vous encourage-t-elle à parler de votre vécu et de vos besoins à cette personne sans pointer du doigt ses erreurs et sans l'accuser de vous avoir blessé.

- Il est possible qu'elle vous dise que vous auriez avantage à lui écrire sans la responsabiliser de votre blessure ou qu'il serait apaisant si vous acceptiez que votre relation avec elle reste superficielle.

- Cette idée qui vient du plus profond de votre être peut aussi vous dire qu'il serait très avantageux que vous parliez de cette expérience difficile et de ce qu'elle vous fait vivre à une personne de confiance – thérapeute ou ami –, une personne que vous savez en mesure de vous aider sans prendre parti.

- Elle peut également vous révéler qu'il vous serait salutaire de prendre une distance par rapport à votre déclencheur pour voir clair en vous et surtout pour vous occuper de votre souffrance.

Attention ! Cette distance ne doit pas être une fuite. La fuite est défensive parce qu'elle est suscitée par la peur. **Quand on fuit, c'est pour s'éloigner de l'autre alors que quand on prend une distance, c'est pour se rapprocher de soi.** Seule l'honnêteté envers vous-même vous guidera vers la direction qui vous libérera plutôt que vers celle qui vous enfermera dans la caverne du refoulé et du ressentiment.

Qu'en est-il d'une réponse qui viendrait de l'extérieur ? Cette réponse produit le même effet que celle qui surgit d'une image ou d'une idée qui jaillit du dedans en ce sens qu'elle déclenche un sentiment intérieur spontané qui pousse à accomplir une action libératrice. Aussi, cette réponse qui vient du dehors est immédiate, inattendue et irréfléchie, au sens où elle ne résulte pas des réflexions du mental, mais du ressenti. Par exemple, elle arrive soudainement par la parole de quelqu'un. Contrairement à tout ce que vous entendez dans une journée, cette parole vous touchera émotion-nellement. Vous sentirez son effet au niveau du plexus solaire ou du ventre. Vous saurez instantanément qu'elle est votre réponse. Il arrive aussi que le fait d'être témoin d'une scène quelconque produise le même effet, de même que la lecture d'une phrase tirée d'un livre ou d'une revue. Ce peut être le regard d'un enfant ou le témoignage d'un ami qui contiendra votre réponse. Vous saurez alors avec certitude que la route qu'il vous suggère de prendre est la meilleure.

Appliquer ces propositions à votre difficulté implique que vous devez vous donner le temps dont vous avez besoin pour franchir cette étape. L'important est de rester disponible pour écouter votre intuition, sans attendre sa manifestation, parce que c'est d'elle que viendra la réponse qui conviendra à votre problème. Quand vous la ressentirez au point qu'elle vous apparaîtra comme une certitude, vous serez prêt à franchir l'étape suivante, celle du choix. Si vous doutez de vous, ne vous inquiétez pas, l'étape suivante vous aidera à dissoudre vos doutes et à transformer vos ténèbres en lumière.

Sixième étape

Le choix

Dès que votre intuition se sera manifestée et que vous aurez *senti* la réponse à votre demande d'aide, votre mental interviendra immédiatement pour vous convaincre que cette réponse n'est pas valable. Il cherchera par tous les moyens à vous orienter dans une autre direction que celle qui vous a été dictée par votre intelligence intérieure. Son intervention sera tellement rapide qu'il y a de fortes possibilités que vous n'en soyez pas conscient et que vous vous laissiez influencer et diriger involontairement vers un chemin opposé à celui que vous indique votre *ressenti*. Si vous ne prenez pas conscience de ce fonctionnement automatique de votre faculté pensante, vous opterez pour le mauvais choix ; vous douterez du sérieux de ce processus et vous jugerez qu'il ne mène à rien de satisfaisant. En restant lucide, vous retrouverez le pouvoir de choisir entre le langage de votre intuition et celui de votre raison.

La présente étape représente probablement la plus importante de tout le voyage. Elle demande une présence particulière à votre ressenti pour éviter que le choix que vous arrêterez vous rende malheureux. À cause du danger qui vous guette de vous laisser dissuader, je prendrai le temps de développer dans ce chapitre, les points suivants :

- le fonctionnement du mental ;

- la notion de choix ;

- l'application à votre difficulté relationnelle.

Le fonctionnement du mental

Le mental garde en mémoire des expériences passées qui vous ont fait souffrir. Il se souvient de certains événements qui vous ont blessé et de certaines souffrances que vous avez éprouvées. Cependant, il n'a pas enregistré toutes les informations emmagasinées par votre corps et par votre psychisme au moment où ces événements se sont produits. Il ne perçoit pas davantage la différence entre l'état psychique dans lequel vous étiez à ce moment-là et celui dans lequel vous êtes maintenant. Son intervention risque donc de n'être pas toujours juste et pertinente quand votre monde émotionnel est impliqué dans une situation. Son but est très louable : il veut vous protéger contre tout ce qui pourrait encore vous faire souffrir. Il procède par différents moyens : soit il suscite en vous la culpabilité ou la peur, soit il entraîne votre imagination vers la création d'un monde idéal qui vous empêchera de vivre avec la réalité.

Prenons le cas de la culpabilité et présentons-le par un exemple. Jérôme est invité à la fête d'anniversaire d'un de ses très bons amis. Cette fête se déroule la veille d'un examen très important pour lui. Il sait par expérience que la meilleure façon de se préparer à ses examens est de se coucher tôt pour avoir le corps et l'esprit bien reposés le lendemain. Il n'a aucun doute là-dessus. Cependant, la petite voix du mental lui rappelle que son ami était présent le mois dernier, le soir de son propre anniversaire, et qu'il a même eu la gentillesse de lui offrir un DVD qu'il voulait se procurer. Se sentant coupable à l'idée de ne pas rendre à son ami l'attention qu'il a reçue et craignant de lui déplaire, Jérôme décide de répondre à l'invitation. Influencé par ses copains, il boit un peu trop de bière et se couche très tard. Le jour suivant, il se présente à son examen avec un mal de tête et une profonde lassitude. Éprouvant de la difficulté à se concentrer, il n'arrive pas à rassembler ses idées. Il regrette d'être allé à cette soirée d'anniversaire. En fait, il a fait un mauvais choix parce qu'il s'est laissé guider par sa culpabilité et par sa peur de déplaire plutôt que par son besoin de repos.

Le cas de Jérôme n'est pas isolé. Il arrive aussi que votre mental nourrisse des pensées qui suscitent en vous de la culpabilité, de l'insécurité ou de la peur. Il le fait pour vous protéger contre de nouvelles expériences possibles de rejet, d'abandon, d'exclusion, d'humiliation, de trahison ou de dévalorisation. Dans ces moments-là, vous vous laissez envahir par la crainte du changement et de l'inconnu ou par celle de perdre, de déranger, de blesser ou de souffrir. Tant de peurs peuvent vous bloquer la route de la réalisation et de la résolution de vos problèmes parce que vos pensées vous empêchent d'écouter votre intuition.

Ne vous méprenez pas. Le mental n'est pas une faculté nuisible. Il est comme un enfant qui a besoin d'encadrement. Bien dirigé, il devient un instrument indispensable pour assurer la structure, l'ordre, l'organisation, la planification d'une journée ou pour favoriser la prise de conscience. Par contre, lorsqu'il s'ingère dans les domaines du cœur et de l'âme, il a besoin d'être guidé. Son intrusion trop abusive dans ce qui ne relève pas de sa compétence a des conséquences néfastes sur votre vie. Seul le fait d'être conscient de cette réalité vous permettra de demeurer assez présent à ce qui se passe en vous pour effectuer les bons choix.

La notion de choix

Étymologiquement, le mot *choisir* veut dire *jouir*. Il fait référence à quelque chose d'agréable parce que, lorsque nous faisons un choix ferme et bien assumé :

• nous passons à l'action ;

• nous créons notre vie ;

• nous nous sentons vivants.

La notion opposée à celle du choix est celle du doute.

CHOISIR, C'EST JOUIR.
DOUTER, C'EST SOUFFRIR.

Pourquoi une telle affirmation ? Tout simplement parce que :

(le choix nous propulse vers l'action, alors que le doute nous maintient sur place et nous fige dans l'attente.)

Le choix nous rend libre d'avancer.
Le doute nous emprisonne, tant physiquement
que psychiquement.

Le choix nous donne le pouvoir sur notre vie.
Le doute nous enlève ce pouvoir, parce que dans
l'hésitation nous laissons les autres et les
circonstances de la vie décider à notre place.

Le choix, par l'action qu'il entraîne, contribue à
développer la confiance en nous-mêmes.
Le doute nourrit le manque de confiance, la peur et
l'insécurité.

Ce qui crée en nous le doute et nous entraîne dans de
mauvais choix, ce sont, je le répète, les pensées qui
suscitent la culpabilité et la peur. C'est aussi l'idéalisation. Voici un exemple pour montrer les conséquences sur
la vie d'une personne prisonnière de ses doutes. Prenons
le cas bien précis de quelqu'un qui a peur de s'engager
dans une relation amoureuse, parce qu'il craint de perdre
sa liberté. Que se passera-t-il pour cette personne ? Elle
aura un pied dans la relation et l'autre à l'extérieur.
Imaginez la situation et essayez d'avancer si votre pied
droit veut aller dans une direction et votre pied gauche,
dans la direction opposée. Vous aurez beau faire le grand
écart, vous n'irez pas très loin. Vous resterez cloué sur
place. Si, par peur de perdre votre liberté, vous ne prenez
aucune décision, vous vous aliénerez complètement et
vous resterez coincé sur place. Est-il possible de vous
retrouver moins libre que cela ?

Pour avancer dans la vie, il faut que vos deux pieds
marchent dans la même direction. Il est nécessaire que

vous sortiez du doute et que vous fassiez un choix ferme et assumé, sans quoi, vous reviendrez à la case départ au premier obstacle.

Choisir de cheminer dans le sens de l'intuition ne signifie pas que vous ne rencontrerez pas de difficultés de parcours. Je me rappelle trop bien les premiers jours de notre arrivée à Paris en 1982. Nous y étions toute la famille pour un séjour d'études de trois ans. À notre arrivée là-bas, nous avons vécu tous les six dans une seule chambre pendant plus d'une semaine. Tous les jours, à la recherche d'un logement, mon conjoint et moi parcourions la capitale avec les enfants qui avaient alors 3, 7, 10 et 13 ans. Quand, finalement, nous en avons trouvé un à la mesure de nos moyens, il était rempli de cafards et il était tellement sale qu'il a fallu toute une journée uniquement pour nettoyer la cuisinière. Des obstacles, nous en avons rencontrés. S'il avait fallu que nous remettions tout en question à la moindre difficulté, nous aurions perdu la possibilité de vivre l'une des plus belles et des plus enrichissantes expériences de notre vie. Au lieu de nous enliser dans le doute et de nous plaindre, nous avons assumé notre choix et nous sommes allés droit devant.

Revenons au cas de la personne qui hésite entre la solitude et l'engagement dans une vie à deux. Cette personne-là vit constamment dans la torture de l'indécision. Son cœur est partagé. Elle tente de mener de front deux vies différentes, en consacrant une partie d'elle-même et de son temps à sa vie de couple et l'autre partie à sa vie de célibataire. Elle est déchirée et insatisfaite, non seulement à cause du doute, mais surtout parce que, n'étant engagé ni dans un sens ni dans l'autre, sa vie manque de profondeur et ne connaît pas la liberté et la satisfaction qu'apporte un choix ferme et assumé.

Mais qu'est-ce qu'un choix ferme et assumé ?

C'est une décision que l'on prend et que l'on ne remet pas en question au moindre obstacle. Pour la changer – ce qui s'avère parfois nécessaire –, il faut beaucoup plus qu'un seul écueil. Toutefois, pour assumer un choix, il est indispensable d'agir en toute connaissance de cause. Celui qui se laisse duper par l'idéalisation sera certainement déçu, quel que soit son choix, parce que la relation, la femme, l'homme et l'amour parfaits n'existent pas dans la réalité, pas plus qu'une vie de célibat sans problèmes. C'est en gardant les deux pieds sur terre qu'on peut le mieux assumer ses choix. Celui qui hésite à s'engager sur le plan amoureux parce qu'il a peur du conflit risque de souffrir longtemps. Il en est de même de celui qui ne s'engage pas dans le célibat par peur de la solitude. Ceux-là ignorent que s'engager, c'est avancer avec la peur et non sans elle. S'engager, c'est se faire confiance et faire confiance en les ressources du moment présent. Ces ressources nous permettront en temps voulu de franchir les obstacles quand ils se présenteront plutôt que de les fuir.

Faire un choix assumé, c'est donc l'arrêter en étant conscient que toutes nos peurs sont légitimes. Si nous restons les deux pieds coincés dans le doute par peur du conflit, nous ne connaîtrons que l'insatisfaction. Une vie de couple sans conflit, cela n'existe pas, à moins que les conjoints soient complètement coupés de leurs émotions ou qu'ils les refoulent. Ce comportement mène d'ailleurs souvent à la séparation.

Vous avez peur d'avoir des pannes de désir ? C'est fort possible que vous en ayez.

Vous craignez les responsabilités supplémentaires ? Sachez qu'il y en aura.

Vous êtes habité par la crainte de manquer d'affection si vous choisissez de vivre seul. Il se peut très bien que cela vous arrive à certains moments.

Quelles que soient vos craintes, choisissez. Ne restez pas dans le doute. Ne vous laissez pas dominer par vos peurs. Prenez-en conscience et avancez avec elles. Rappelez-vous que le choix assumé n'exclut pas l'obstacle, mais il inclut l'acceptation d'apprendre, d'affronter les écueils et de créer sa vie. Faire un choix qui suit le sens de votre ressenti, c'est monter une marche, sans savoir tout ce qui vous attend sur la marche suivante, mais en étant convaincu que le recul n'existe pas pour celui qui veut avancer sans regarder en arrière. En effet, il n'y a jamais de retour en arrière pour celui qui veut prendre sa vie en main et cesser de se laisser mener par tout le monde et par les circonstances extérieures. Il n'y aura pas non plus de retour en arrière si vous choisissez fermement de résoudre le problème relationnel qui vous préoccupe en ce moment.

Application à la difficulté relationnelle

Depuis votre lecture du chapitre précédent, vous avez probablement pris les dispositions nécessaires pour être disponible à percevoir le message de votre intuition. Rappelez-vous qu'il fallait d'abord vous détacher du résultat et ne rien attendre de précis. La seule indication favorable à l'émergence d'une réponse qui s'exprime par le ressenti est de prendre des moyens pour détendre votre corps et libérer votre esprit à certains moments de la journée. Si vous avez bien appliqué ces propositions à votre quotidien, vous savez sûrement quelle action poser pour résoudre votre problème avec la personne qui a déclenché vos blessures. Cependant, je ne serais pas surprise que votre mental se soit interposé pour vous mettre en garde contre un danger quelconque qui n'est pas réel en ce moment puisqu'il est une projection de vos expériences passées. Supposons que vous ayez eu la certitude, l'espace d'un instant, que vous deviez communiquer avec cette personne pour lui parler de votre vécu et de vos besoins sans lui adresser de reproches. Il se peut que votre faculté pensante ait tenté de vous empêcher de passer à l'action, en vous suggérant quelque chose comme ceci : « Surtout ne fais pas ça. As-tu oublié que la dernière fois que tu lui as parlé, tu as mis une semaine à t'en remettre tellement tu étais boule-versé. Veux-tu souffrir encore ? » Une telle pensée suscitera probablement en vous de la crainte et vous emprisonnera dans le doute.

Si vous avez senti qu'il serait souhaitable que vous écriviez à votre déclencheur, il est possible que la petite voix dans votre tête vous dise : « Tu n'y penses pas ? N'oublie pas que les écrits restent. Un tel geste pourrait se retourner contre toi. » Et si vous avez reçu le message de prendre une distance, peut-être cette voix vous fera-t-elle la morale : « Tu n'es pas conséquent avec toi-même. Tu prônes l'importance de la relation et tu veux agir dans le sens contraire de ce que tu répètes à tout le monde. » Si, par contre, vous avez tendance à idéaliser votre vie, vous entendrez votre raison vous rappeler que votre relation avec cette personne doit être rompue, parce qu'elle ne correspond pas à votre idéal d'une bonne relation.

Ces exemples d'ingérence du mental vous expliquent sans doute pourquoi j'accorde tant d'importance à la présente étape dans le déroulement du processus qui mène au passage à l'action. En suscitant la peur et le doute, le mental vous encouragera à agir dans le sens de vos craintes plutôt que dans celui de votre intuition. C'est pourquoi le choix qui s'impose ici revêt une importance capitale. Si vous ne choisissez pas de suivre la voie que vous dicte votre *ressenti*, vous entretiendrez probablement votre souffrance et vous risquez d'envenimer la situation plutôt que de résoudre votre problème. Il est donc fondamental que vous preniez conscience de ce fonctionnement de votre faculté pensante, qui ne veut pourtant que votre bien, et que vous conscientisiez vos peurs. Accueillez-les et acceptez-les. C'est votre seul moyen de vous fier à votre intuition et d'arrêter le bon choix. L'action que vous poserez par la suite sera celle qui vous apportera la paix, parce qu'elle sera en accord avec ce que vous sentez au plus profond de votre être.

Septième étape

Le passage à l'action

L'étape du passage à l'action est souvent difficile à réaliser. À cause de leurs peurs, plusieurs personnes la remettent constamment au lendemain, en évoquant les meilleures raisons du monde pour se donner bonne conscience. Pour certaines, la peur est tellement grande qu'elles préfèrent s'enliser dans la sécurité du connu, même si cette sécurité s'accompagne d'inconfort, voire de souffrance. D'autres personnes refusent de passer à l'action parce qu'elles trouvent des avantages conscients ou inconscients à rester dans leur situation. Nourrir leur épreuve est parfois le seul moyen qu'elles connaissent pour obtenir un peu d'attention.

Certaines craintes sont toutefois justifiées. Certes, agir dans le sens indiqué par l'intuition implique souvent d'emprunter des chemins fort différents de tous ceux qu'on a toujours pris. C'est se libérer de comportements répétitifs ; c'est s'ouvrir au changement et à l'inconnu, ce qui est loin d'être évident. Dépasser ses peurs nécessite souvent une bonne source de motivation. Aussi, pour que, si près du but, vous n'abandonniez pas, je terminerai cet ouvrage en vous entretenant de sujets qui, je l'espère, vous encourageront à passer à l'action dès que vous aurez terminé la lecture de ce chapitre. Ces sujets sont :

- le type d'action qui entretient la souffrance ;

- le type d'action qui favorise l'épanouissement.

Le type d'action qui entretient la souffrance

Ce qui incite à agir, c'est la motivation, c'est-à-dire le stimulant intérieur qui réveille l'énergie de l'action. Ce catalyseur, qui agit généralement sur le plan inconscient, détermine vos comportements et suscite un type d'action bien particulier selon sa nature. Par exemple, les agissements qui nourrissent la souffrance sont motivés par des malaises. Si vous n'êtes pas conscient de vos émotions désagréables, elles vous mèneront comme un maître mène ses esclaves. Elles vous forceront à poser des gestes et prononcer des paroles que vous regretterez par la suite. Elles susciteront des actions qui vous rendront malheureux parce qu'elles seront défensives. Si c'est l'impatience qui vous possède et que vous ne l'identifiez pas, votre action peut être impulsive. Mon impatience à guérir mon corps le plus rapidement possible m'a poussée à accomplir une multitude d'actions impulsives, lesquelles n'ont servi qu'à miner mon énergie vitale et qu'à affaiblir mon système immunitaire, déjà très hypothéqué par la maladie. Au lieu de soulager ma souffrance, j'ai contribué à l'accroître.

Cela dit, l'impatience n'est pas seule à provoquer de tels comportements. Si vous agissez motivé par la peur, vos comportements seront sans doute opprimants ou, au contraire, empreints de soumission ou de sauve-qui-peut.

Si le ressentiment vous possède, votre action sera possiblement vindicative. Quand votre stimulant est la culpabilité, votre action est souvent punitive ou autopunitive et lorsque la colère vous habite, votre action est, dans bien des cas, plus ou moins agressive. L'insécurité, pour sa part, engendrera probablement une action « contrôlante ». Il en est ainsi de toutes les émotions dites négatives qui ne sont pas conscientisées dans l'ici et maintenant des situations qui les suscitent. Elles agissent comme des moteurs puissants qui possèdent le pouvoir d'empoisonner votre vie. Donc, chaque fois que vos comportements sont provoqués par des malaises plus ou moins intenses dont vous n'êtes pas conscient, il y a de fortes possibilités que vous agissiez de manière insatisfaisante et que vous vous fassiez plus de mal que de bien. Dans ces moments-là, au lieu de trouver la paix, la sérénité ou la santé que vous recherchez, vous accentuerez votre douleur physique ou votre douleur morale. Que pouvez-vous faire alors pour que vos actions vous soient favorables ?

Les sources de motivation de nos actions

L'action impulsive	est motivée par	l'impatience
L'action opprimante	est motivée par	la peur
L'action de soumission	est motivée par	la peur

L'action sauve-qui-peut	est motivée par	la peur
L'action vindicative	est motivée par	le ressentiment
L'action autopunitive	est motivée par	la culpabilité
L'action punitive	est motivée par	la culpabilité
L'action agressive	est motivée par	la colère
L'action « *contrôlante* »	est motivée par	l'insécurité
L'action juste	est motivée par	les besoins du cœur et de l'âme

Le type d'action qui favorise l'épanouissement

L'action que vous a invité à accomplir votre ressenti au cours du processus qui s'est déroulé jusqu'à maintenant est une action juste, parce qu'elle vient du plus profond de votre être et qu'elle n'est pas motivée par la culpabilité, le ressentiment, la peur, l'insécurité, la colère ou l'impatience. Le meilleur moyen d'arriver à ce type d'action est de changer votre source de motivation. Pour ce faire, vous devez conscientiser vos émotions désagréables, si vous en vivez, et prendre le temps de les accueillir.

Si vous les refoulez ou les niez, je le répète, elles exerceront un pouvoir sur vous. Si nécessaire, confiez-vous à une personne de confiance. Une fois que vous aurez accepté vos émotions, observez vos pensées. Entretiennent-elles vos malaises ? Si oui, accueillez-les sans lutter contre elles.

Maintenant, centrez-vous sur les besoins de votre cœur et de votre âme. Vous les reconnaîtrez en ce qu'ils éveilleront en vous des émotions agréables lorsque vous les contacterez. S'ils suscitent des émotions désagréables, c'est que votre but est de changer la personne qui a éveillé vos blessures. Cela signifie que vous la rendez responsable de votre souffrance. Dans ce cas, vous vous acharnerez contre elle, du moins en pensées, ce qui cultivera vos malaises et envenimera votre relation avec elle. Par contre, si vous la voyez comme un déclencheur d'une souffrance déjà présente au fond de votre être, vous aurez plus de discernement. Il vous sera plus facile de distinguer ce qui, en ce qui concerne votre blessure, vous appartient et ce qui appartient à l'autre personne. Plutôt que de vous centrer uniquement sur l'autre pour le culpabiliser et lui faire des reproches, vous serez alors plus en mesure de découvrir vos besoins non satisfaits dans cette relation.

Quels sont donc vos besoins profonds par rapport à la personne qui a réanimé votre blessure ?

• Souhaitez-vous être aimé ou reconnu par elle ?

• Au fond de votre cœur, désirez-vous vous
  rapprocher d'elle ou vous en éloigner ?

- Avez-vous besoin d'exprimer vos non-dits ?

- Êtes-vous habité par un désir de paix et d'harmonie ?

- Souhaitez-vous vous montrer tel que vous êtes ?

- Avez-vous besoin d'affirmer votre vérité profonde ?

- Voulez-vous lui dire que vous l'aimez ?

Quels qu'ils soient, conscientisez bien ces besoins et exprimez-les comme des besoins de votre cœur. Assurez-vous qu'ils sont votre seule source de motivation et que vous n'êtes pas motivé par des émotions désagréables et par un désir de changer l'être qui vous a blessé. Ne nourrissez pas d'attentes. Sachez que, si l'action suscitée par la peur est souvent réactive, celle qui est née de l'intuition et qui est issu d'un besoin du cœur est créatrice de paix et d'épanouissement.

Si vous sentez en vous des sentiments agréables, cela signifie que vous êtes maintenant prêt à passer à l'action. En évitant d'agir de façon défensive par le reproche, l'accusation et l'irresponsabilité, vous ne serez pas déçu. Restez bien centré sur le message de votre intuition et sur les besoins de votre cœur. Ainsi, vous sortirez de cette expérience avec un sentiment d'accomplissement extraordinaire.

Bonne fin de voyage !

Conclusion

Les sept étapes du lâcher-prise s'appliquent à tous les problèmes que vous rencontrez dans la vie : maladie, perte, échec, ennuis relationnels, dépression, problèmes de dépendance, souffrance d'un enfant, etc. Ils s'appliquent autant aux difficultés chroniques qu'aux frustrations et contrariétés de la vie quotidienne. Pour conclure cet ouvrage, je les résumerai par un exemple personnel, qui vous démontrera leur efficacité dans la vie de tous les jours.

J'étais à Paris. C'était un dimanche d'automne. Le temps était splendide. Paris est déjà une ville magnifique, mais, quand il fait beau, elle donne un avant-goût de ce que pourrait être le paradis. Ce jour-là, j'étais invitée à dîner chez des amis. Pour profiter du soleil et de la beauté sans cesse renouvelée de cette ville que j'aime tant, j'ai décidé de me rendre chez eux à pied. Le trajet compte environ 45 minutes de marche entre le XVIe arrondissement où j'habitais et leur appartement.

Ils m'attendaient pour midi. Comme je suis de nature une personne très ponctuelle, je suis partie assez tôt pour arriver à l'heure. Jusqu'à ce que j'arrive aux Champs-Élysées que je devais traverser pour me rendre chez eux, je marchais joyeuse, d'un pas décontracté. La foule était si dense sur toute la longueur de l'avenue qu'elle me cachait la vue. Inquiète, je me suis précipitée vers un policier et je lui ai demandé :

— Pourquoi y a-t-il tant de monde ici ? Qu'est-ce qui se passe ?

— C'est à cause de la parade.

— Une parade ? Quelle parade ? Elle durera combien de temps ?

— Environ deux heures, madame.

— Deux heures ! C'est pas possible ! Il faut absolument que je traverse. J'ai un rendez-vous à midi.

— Je suis désolé, madame, mais c'est impossible.

J'étais tellement énervée à l'idée d'être en retard que j'aurais voulu qu'il arrête la parade pour me laisser passer. J'ai soudain PRIS CONSCIENCE de mon énervement, de mon impatience et de mon impuissance, de même que de ma réaction impulsive avec le policier. Cette prise de conscience m'a calmée un peu. J'ai pu alors ACCEPTER la réalité. Je me suis dit : « Colette, accepte qu'il y a une parade sur les Champs-Élysées et qu'il y en a encore pour deux heures. Accepte ta déception et surtout ta peur d'être en retard. » Cette acceptation m'a fait du bien, mais ne m'a pas totalement détendue. Quelque chose m'empêchait de me calmer complètement. J'ai tenté de relaxer malgré tout et cela m'a permis de me rendre compte que je ne n'étais pas encore allée au bout du processus d'acceptation. Je devais accepter la partie la plus difficile de cette réalité : je serais en retard.

Quand j'ai réussi à assumer entièrement ce retard, j'ai senti mon cœur en paix. Pour que ce bienfaisant sentiment de paix s'imprègne dans tout mon être, j'ai pris un court moment pour RESSENTIR MON CORPS. J'ai pu ainsi aborder ma réalité avec plus de sérénité. En fait, j'étais coincée d'un côté des Champs-Élysées et je voulais aller dîner chez des amis qui habitaient de l'autre côté. Au lieu de chercher des solutions et de me lancer dans n'importe quelle direction, je suis restée sur place et j'ai LÂCHÉ PRISE. J'ai fait confiance à mon guide intérieur. Rapidement m'est venue l'idée de retourner vers le policier pour lui poser ce que je considère maintenant comme étant la bonne question :

— Y a-t-il un endroit pour traverser ?

— Bien sûr madame. Si vous allez vers la gauche, à cinq minutes de marche, vous avez le métro Charles-de-Gaule Étoile. Je vous préviens, il y a énormément de monde dans cette direction. Par contre, vers la droite, si vous marchez dix minutes, vous verrez un passage souterrain en face d'un restaurant italien.

— Merci.

Quelle direction prendre ? la gauche ou la droite ? Il n'y avait pas d'hésitation possible. C'est mon corps qui m'a donné la réponse. Il s'est déplacé spontanément vers la droite. Les étapes de L'ENTRE-DEUX et du CHOIX se sont donc déroulées très rapidement. C'est d'ailleurs souvent ce qui se produit lorsque nous nous donnons du temps pour prendre conscience, accepter et ressentir notre corps. La détente qui résulte de cette période de préparation au lâcher-prise de même que le lâcher-prise lui-même procurent au corps un bien-être qui rend possible l'intervention de l'intelligence irrationnelle et facilite le PASSAGE À L'ACTION. J'ai donc poursuivi la marche ce jour-là avec un calme qui m'a surprise. Quand j'ai traversé le très beau parc Monceau, je suis restée présente à sa beauté et je l'ai regardé avec le même émerveillement que d'habitude. Je suis arrivée chez mes amis avec une demi-heure de retard, mais je ne me sentais pas du tout coupable. J'étais en paix.

Cette paix est la plus grande récompense qu'apporte la pratique du lâcher-prise. Pour en faire l'éloge, je terminerai ce livre par une métaphore. Il m'arrive parfois de voir la vie comme une rivière et d'imaginer que nous, êtres humains, nous occupons chacun notre barque sur cette rivière. Normalement, quand nous sommes sur une rivière, dans une barque, et qu'il n'y a pas de courant, nous ramons pour avancer et quand il y a du courant, nous nous laissons porter par lui. Cependant, dans la vie, nous agissons souvent de façon contraire. Lorsque le courant nous entraîne, surtout s'il est fort et tourmenté, nous ramons à contre-courant comme des forcenés alors que c'est le moment de rentrer les rames.

Par contre, quand nous avons développé l'habitude de lâcher-prise, nous finissons par savoir quand il faut ramer, et quand il faut s'abandonner et faire confiance aux ressources du monde intérieur. Nous intégrons petit à petit la conviction que, dans les moments de notre existence où le courant se fait un peu trop fort, si nous lâchons prise et que nous agissons dans le sens de ce que nous ressentons, nous arrivons toujours au bon port.

Bon voyage intérieur !

Table des matières

Ce deuxième tirage
a été achevé d'imprimer
au mois de novembre
de l'an 2009
sur les presses
des Imprimeries Transcontinental (Métrolitho)
à Sherbrooke (Québec)